项目编号：新发展理念下南京都市圈经济高质量发展研究

新发展理念下南京都市圈经济高质量发展研究

董帮应　著

Wuhan University Press
武汉大学出版社

图书在版编目（CIP）数据

新发展理念下南京都市圈经济高质量发展研究/董帮应著. — 武汉：武汉
大学出版社，2023.3
ISBN 978-7-307-23520-5

Ⅰ．新… Ⅱ．董… Ⅲ．区域经济发展－研究－南京 Ⅳ．F127.531

中国版本图书馆CIP数据核字（2022）第253982号

责任编辑：周媛媛　孟跃亭　　责任校对：牟　丹　　版式设计：文豪设计

出版发行：**武汉大学出版社**　　（430072　武昌　珞珈山）
　　　　　（电子邮箱：cbs22@whu.edu.cn 网址：www.wdp.com.cn）
印刷：三河市京兰印务有限公司
开本：710×1000　1/16　　印张：15　　　字数：230千字
版次：2023年3月第1版　　2023年3月第1次印刷
ISBN 978-7-307-23520-5　　定价：68.00元

前　言

习近平总书记在党的十九大报告中首次提出了"高质量发展"的新表述，随后李克强总理代表国务院在十三届全国人大一次会议上所作的《政府工作报告》中进一步阐释了"高质量发展"所包含的"五位一体"总体布局和"四个全面"战略布局。"高质量发展"科学回答了我国"实现什么样的发展、怎样发展"这一重大战略问题。推进我国经济走"高质量发展"之路，是对我国经济所处的新发展阶段、所面临的新环境以及发展条件的新变化所做出的科学判断。在带领全国人民实现了第一个百年奋斗目标后，在向第二个百年奋斗目标迈进时，党的中心任务是团结带领全国各族人民全面建成社会主义现代化强国、实现第二个百年奋斗目标，以中国式现代化全面推进中华民族伟大复兴。

南京都市圈是我国最早启动建设的跨省都市圈，《南京都市圈发展规划》是第一个获批复的国家级都市圈发展规划。南京都市圈襟江带淮，横跨苏皖两省，处于长江黄金水道和京沪（杭）通道、沪汉蓉快速客运通道的交会点上。特殊的区位条件决定了南京都市圈成为协调东西发展、平衡南北差异的资源与要素转移的枢纽。同时，南京都市圈也是发达的东部地区辐射和带动欠发达的中西部地区的桥头堡。本书以南京都市圈为研究对象探讨经济的高质量发展：首先，这是出于区域协同发展的思考。长期以来，行政区经济主导下城市经济发展形成了"大而全""小而全"的产业发展和城市功能格局，阻碍了城市之间的协同发展。其次，这是出于产—城—人融合发展的思考。产业、城市和人口是城镇化的必备要素，三者的融合发展才能保障以人为本的新型城镇化的实现。最后，这是出于城乡协调发展的思考。经过数十年的发展，制约城乡协调发展的制度性障碍、二元经济结构、不平衡的公共服务等仍然存在，破解固化的城乡关系的市场化机制仍存在变数。本书欲将城市群经济理论的最新研究成果与南京都市圈的特殊区情相结合，以期为都市圈经济的"高质量发展"寻找理论支撑点和实践新模式，为我国区域融合、协调发展提供理论上的诠释和实践上的参考。此外，南京都市圈连接长三角城市群的发达板块和欠发达板块，南京都市圈的一体化发展经验将为我国其他地区都市圈的建设积累经验、提供示范。

本书基于区域经济学、城市经济学、产业经济学、演化经济学等理论，在借鉴国内外相关研究成果的基础上，首先阐述了新发展理念下都市圈经济实现高质量发展的理论基础以及作用机理；然后从历史和现实两个方面详细分析了南京都市圈经济发展的基本状况，深入剖析了南京都市圈推进经济高质量发展的优势与机遇，以及所面临的劣势和挑战；接下来通过建构指标评价体系对南京都市圈经济高质量发展水平进行测度和分析；最后在借鉴发达国家成熟的都市圈发展经验的基础上，提出推进南京都市圈高质量发展的路径及其对策建议。具体的内容安排如下：

第一章：绪论。本章将本研究置于城市集群化发展和区域经济一体化发展的大背景下，思考南京都市圈的经济高质量发展问题，并从区域协同发展、产—城—人融合发展、城乡协调发展系统阐述课题研究的理论意义和现实价值。

第二章：都市圈经济高质量发展的研究综述。研读文献是进行课题研究的基础，研究前沿成果可以帮助梳理研究的主要任务、基本思路和方法。本章在梳理"经济高质量发展"和"都市圈经济高质量发展"研究成果的基础上，全面、系统地综述都市圈经济高质量发展的研究成果。

第三章：新发展理念下都市圈经济高质量发展的作用机理。本章深入解析新发展理念下都市圈经济高质量发展的影响机理。第一，基于供给侧结构性改革的思想，阐释人力资本投资、技术创新驱动经济高质量发展的内在逻辑。第二，基于需求端的消费升级，探讨消费转型与升级驱动经济高质量发展的内在机理。第三，基于有效的制度安排、高水平对外开放的视角，探讨推动经济高质量发展的外源性动力及其作用机理。

第四章：新发展理念下南京都市圈经济高质量发展的现状分析。本章基于历史的角度详细梳理了南京都市圈的历史演变过程（三个发展阶段），使读者了解南京都市圈的发展史；基于统计数据，从都市圈整体和成员城市两个层面详细描述了南京都市圈经济发展的现状。

第五章：南京都市圈经济高质量发展的 SWOT 分析。本章运用 SWOT 分析法对南京都市圈经济实现高质量发展的优势和劣势、所面临的机遇和挑战进行深入剖析。本章通过将南京都市圈与长三角地区的其他都市圈、国家批复的各国家级都市圈（福州都市圈、成都都市圈、长株潭都市圈、西安都市圈、重庆都市圈）作对比分析，为南京都市圈的发展找准定位。

第六章：南京都市圈经济高质量发展的测度。本章从南京都市圈的历史和现状出发，以新发展理念的研究成果为基础，运用熵权 TOPSIS 法对南京都市圈经济发展的质量进行测度和评价；从空间关联方面，分析南京都市圈内各城市经济发展质量的空间分异特征；从"时间序列"方面，分析南京都市圈内各城市经济高质量发展的时间演变过程；通过对 7 个维度的分析，识别影响南京都市圈经济高质量发展的因素。

第七章：推进南京都市圈经济高质量发展的路径与机制。本章在借鉴发达国家成熟都市圈经济发展的经验与教训的基础上，为南京都市圈经济高质量发展探索适合区情的发展路径；以公共管理理论、组织行为理论、城市经济学、产业经济学为基础，从公共管理机制、市场运行机制两个方面提出促进南京都市圈经济高质量发展的机制与对策。

目　　录

C O N T E N T S

第一章　绪　　论 ………………………………………… **001**

第一节　研究背景 …………………………………………… 001

第二节　研究目的与意义 …………………………………… 003

第三节　研究内容、研究框架与研究方法 ………………… 006

第四节　概念释义 …………………………………………… 009

第五节　创新之处 …………………………………………… 014

第二章　都市圈经济高质量发展的研究综述 ……………… **017**

第一节　经济高质量发展的研究综述 ……………………… 017

第二节　都市圈经济高质量发展的研究综述 ……………… 034

第三章　新发展理念下都市圈经济高质量发展的作用机理 … **051**

第一节　都市圈经济高质量发展的理论基础 ……………… 051

第二节　都市圈经济高质量发展的动力机制 ……………… 059

第四章　新发展理念下南京都市圈经济高质量发展的现状分析 … **069**

第一节　高质量发展理念下南京都市圈的历史演变 ……… 069

第二节　南京都市圈经济发展的基本状况 ………………… 079

第五章　南京都市圈经济高质量发展的 SWOT 分析 ……… **113**

第一节　南京都市圈经济高质量发展的优势 ……………… 113

第二节　南京都市圈经济高质量发展的劣势 …………………… 123

第三节　南京都市圈经济高质量发展的机遇 …………………… 126

第四节　南京都市圈经济高质量发展的挑战 …………………… 133

第六章　南京都市圈经济高质量发展的测度 ………………… **141**

第一节　新发展理念下经济高质量发展的内涵与目标 ………… 141

第二节　新发展理念下南京都市圈高质量发展的测度 ………… 148

第三节　南京都市圈高质量发展的空间分异与时间演化 ……… 157

第七章　推进南京都市圈经济高质量发展的路径与机制 …… 175

第一节　国际性都市圈经济发展的经验与借鉴 ………………… 175

第二节　南京都市圈推进经济高质量发展的实现机制 ………… 182

第三节　南京都市圈实现经济高质量发展的对策建议 ………… 187

参考文献 ……………………………………………………… **203**

第一章 绪 论

第一节 研究背景

研究选题来自江苏省 2021 年度高校哲学社会科学研究一般项目"新发展理念下南京都市圈经济高质量发展研究",项目批准号为 2021SJA0467。南京都市圈是我国最早启动建设的跨省都市圈,《南京都市圈发展规划》也是国家发展和改革委员会正式批复的第一个都市圈规划。选择"新发展理念下南京都市圈经济高质量发展研究"作为研究主题,有着新型城镇化发展的现实问题、区域经济一体化发展理论背景的综合考虑。

一、城市集群化是城镇化发展的趋势

改革开放以来,有关中国城镇化道路一直存在两种看法:大城市化战略、小城市化战略。前者以王小鲁等(1999)、杨波等(2006)等为代表,

强调发展大城市和超大城市以带动中小城镇的发展，主要是基于大城市所具有的规模经济效应和辐射能力而言的；后者以费孝通（2009）、许经勇（2007）等为代表，强调要依靠发展小城镇解决中国农村剩余劳动力问题，是基于大城市发展过程中所出现的"城市病"问题而提出的。但中国城镇化的道路并不是大城市与小城市之间非此即彼的选择问题，国情决定了在中国以大城市为主的城市化既不可能也不必要，但以小城市为主的城镇化也有着种种难以克服的难题。因此，走以一个或多个大城市为中心、大中小城市协调发展的组合网络模式（即城市群或都市圈）是现实选择。通过都市圈（城市群）的资源整合功能，一方面促进区域内资源合理配置，实现产业分工和专业化的发展，另一方面协调区域内各城市的核心利益和重大关切，真正实现城市之间比较优势的发挥。这种组团发展的优势，提升了城市经济的发展水平。纵观国内外都市圈（城市群）发展的实践，无论是从"波士华"城市群、东京都市圈、伦敦都市圈等国际大都市圈的发展经验来看，还是从国内长江三角洲、粤港澳大湾区、环渤海经济区等区域的发展实践来看，城市之间的抱团发展，均是区域合作与竞争的必然选择。

二、南京都市圈在国家战略中具有重要地位

南京都市圈襟江带淮，横跨苏皖两省，连接着长三角城市群的发达板块和欠发达板块，"一带一路"倡议、长江经济带战略、长三角一体化发展战略、苏南现代化建设示范区、苏南国家自主创新示范区、皖江城市带承接产业转移示范区、合芜蚌自主创新综合配套改革试验区等国家及区域经济发展战略都和南京都市圈有关。中心城市南京是长三角地区的区域性中心城市、国家综合交通枢纽城市、长三角区域辐射中西部地区的门户城市，也是长三角一体化发展规划的唯一特大城市。南京都市圈位于水路交通——长江黄金水道、京杭大运河与陆路交通——京沪（杭）通道、沪汉蓉快速客运通道的交会点上。特殊的区位条件决定了南京都市圈是协调东西发展、平衡南北差异的资源与要素转移的枢纽。由于位于中国沿海地区与长江经济带的"T"形国土开发格局的交会点上，南京都市圈必将承担

起长江这条巨龙的"肩膀"的重责，成为东部沿海发达地区辐射中西部的桥头堡。

第二节　研究目的与意义

从"发展是硬道理[1]"到"发展是党执政兴国的第一要务[2]"，从"科学发展观"到"高质量发展"，我们党对发展观的认识越来越全面、越来越深入、越来越科学。本书以南京都市圈为例探讨经济高质量发展，主要出于如下三个因素的考虑。

一、出于区域协同发展的思考

竞争与合作是城市组合网络发展模式下城市之间的固有关系（Taylor，2001；Zhang et al.，2021）。在城镇化进程中，由于集聚效应和扩散效应的重叠，城市之间不可避免地存在竞争关系。建立都市圈并不是消灭这种竞争（事实上也无法消灭竞争），而是要正确引导竞争，在各城市之间形成良性的竞争合作关系，从而形成双赢的局面（高汝熹 等，2006）。但现行行政区经济体制下形成的城市经济"大而全""小而全"的发展格局，严重阻碍了城市之间的协同发展，主要表现为利益协调上的矛盾和产业

---

[1] 中共中央文献编辑委员会. 邓小平文选（第 3 卷）[M]. 北京：人民出版社，1993：377.

[2] 2002 年江泽民总书记在"5·31"讲话（即 2002 年 5 月 31 日的中央党校省部级干部进修班毕业典礼上的讲话）中首次提出了"发展是党执政兴国的第一要务"的观点，随后在党的十六大上重申了此观点。此后胡锦涛总书记反复强调要将"科学发展"贯穿于治国理政的全过程。习近平总书记在党的十九大和庆祝中国共产党成立 95 周年大会上，明确指出"发展是解决我国一切问题的基础和关键"。

同构。

（一）利益协调问题

首先，长期以来形成的以地区生产总值等为核心的政绩考核制度，使得地方政府趋向于采取地方保护主义政策，这不利于区域经济协同发展。其次，各方合作参与者出于自身利益最大化的考虑，在区域合作的利益分享和成本分担上自然会有争议，特别是在一些地方政府财政经费不足，需要依赖上级补助的情况下尤其明显。最后，我国的都市圈建设采用的是自上而下的发展模式，在行政体制分割和行政区经济主导下非常容易造成区域市场的分割。

（二）产业同构问题

产业趋同化是研究产业协调发展的一个"经典问题"（夏永祥 等，2006）。产业趋同是一把双刃剑，客观上固然会因产业集聚而产生规模经济效应（范剑勇，2004），但更多地会表现为区域之间的恶性竞争（洪银兴 等，2003）：首先，产业趋同会损害区域之间的合理分工，一方面制约了良性的产业梯度转移（北京市社会科学院区域经济研究课题组和赵弘，2016），另一方面会阻碍产业结构的高级化发展（余东华 等，2020）。其次，产业趋同会分散资源，造成区域内各城市之间形成恶性竞争，导致区域竞争力下降（蔡跃洲 等，2006）。

二、出于产—城—人融合发展的思考

产业、城市、人口是城镇化发展的三个必备要素。其中，产业是城市发展和人口集聚的基础，城市是产业发展和人的发展的空间载体，人口是城市发展和产业发展的根本。只有产—城—人融合发展，我国的以人为本的新型城镇化建设才能实现。单纯的产业开发，没有生活配套，城市功能发展滞后就会形成"工业孤岛"；单纯的城市空间开发，没有产业支撑，有城无业就会使城市沦落为"睡城""空城"，甚至是"鬼城"。但是，同时具备产业、城市、人口也并不必然导致"产—城—人"的融合,三者的融合需要在空间、结构和功能上实现匹配:首先是空间整合,实现产业发展空间、生活服务空间和生活居住空间的组团布局;其次是结构匹配,实现产业结构、就业结构和消费结构的匹配;最后是功能融合,引导生产、服务和居住三种功能适度混合。2010年上海世界博览会的主题"城市,让生活更美好"强调的就是"产—城—人"融合发展的理念。

三、出于城乡协调发展的思考

在畅通要素流动下,经济一体化发展除了表现为产—城—人融合之外,另一个重要表现就是城乡融合。进入21世纪以来,我国的城乡协调发展政策经历了从"统筹城乡"(2003年党的十六届三中全会提出)到"城乡经济社会发展一体化"(2007年党的十七大提出)再到"城乡融合"(2017年党的十九大提出)的演进过程,政策重点从突出城市的主导作用,发展到强调城乡同步发展、融合发展。2019年5月中共中央、国务院发布的《关于建立健全城乡融合发展体制机制和政策体系的意见》为城乡融合发展制定了"三步走"的时间路线图,要求"到本世纪中叶,城乡融合发展体制机制成熟定型"。

经过数十年的发展,城乡融合发展已取得初步成效,但城乡关系尚未得到破解。首先,制约要素在城乡之间流动的制度性障碍仍然存在。户籍制度、就业制度的限制使农民无法共享城市的基本公共服务和社会保障;城乡之间的金融藩篱一方面造成农村资金外流,另一方面使城市工商资本下乡受到束缚;农村土地制度改革尚需体制性突破。其次,城乡二元经济结构仍然很突出。城乡之间的二元分割状态不仅表现为农业的比较劳动生产率远低于工业的比较劳动生产率,还表现为农村的第一、第二、第三产业的融合发展程度低。扭转二元经济结构的进展相当缓慢,部分地区还有恶化的迹象。再次,城乡之间的要素双向配置的市场化机制尚未建立。长期以来,城乡要素配置表现由乡村到城市的单向流动,但乡村振兴战略的实施、新型农业经营主体的发育壮大客观上需要城市要素流向农村。当前推动城市要素流向农村都是在各级政府的主导下进行的，市场化机制尚未建立。最后，城乡基本公共服务发展水平不平衡。这种不平衡一方面表现为城乡之间的基本公共服务标准差距大，面向弱势群体尤其是面向农民的公共服务不到位，其权益没有得到充分保障；另一方面表现为公共服务的城乡区域制度设计不衔接、条块分割。

本书以南京都市圈为研究对象，把城市群经济理论的最新研究成果与南京都市圈的特殊区情相结合，以期为都市圈经济的高质量发展寻求理论支撑点和实践新模式，为我国区域的融合发展、协调发展提供理论上的诠释和实践上的参考。此外，南京都市圈连接着我国经济发达地区和欠发达地区两大板块，南京都市圈一体化发展的经验将会为我国都市圈建设积累经验、提供示范。

第三节　研究内容、研究框架与研究方法

一、研究内容

本书基于区域经济学、城市经济学、产业经济学、演化经济学等理论，在借鉴国内外相关研究成果的基础上，首先深入探讨新发展理念下推进都市圈经济高质量发展的作用机理；然后详细分析南京都市圈的历史变迁过程，剖析南京都市圈经济实现高质量发展的优势和劣势，以及所面临的机遇和挑战；接下来建构评价南京都市圈经济发展质量的指标体系并运用熵权 TOPSIS 法对经济发展质量进行测度和评价；最后在借鉴国内外都市圈发展经验的基础上，提出推进南京都市圈高质量发展的路径和机制。

（1）已有相关研究成果的文献综述。研读文献是进行课题研究的基础，研究前沿成果可以帮助梳理课题研究的主要任务、基本思路和方法。本书

在梳理"经济高质量发展"和"都市圈经济高质量发展"研究成果的基础上，全面、系统地综述都市圈经济高质量发展的研究成果。

（2）新发展理念下都市圈经济高质量发展的作用机理。第一，基于供给侧结构性改革的思想，阐释人力资本投资、技术创新驱动经济高质量发展的内在逻辑。第二，基于需求端的消费升级，探讨消费转型驱动经济高质量发展的内在机理。第三，基于有效的制度安排、高水平开放的视角，探讨推动经济高质量发展的外源性动力及其作用机理。

（3）新发展理念下南京都市圈经济高质量发展的现状分析。本书把南京都市圈的发展历史划分为三个阶段，详细梳理南京都市圈的历史演变过程，使读者了解南京都市圈的历史，并基于统计数据从都市圈整体和成员城市两个层面描述南京都市圈经济发展的现状。

（4）南京都市圈经济高质量发展的 SWOT 分析。本书将南京都市圈与长三角地区的其他都市圈、国家批复的各国家级都市圈（福州都市圈、成都都市圈、长株潭都市圈、西安都市圈、重庆都市圈）做对比分析，详细分析南京都市圈实现经济高质量发展的优势和劣势、所面临的机遇和挑战，为南京都市圈的发展找准定位。

（5）南京都市圈经济发展质量的测度。本书从南京都市圈的历史和现状出发，以新发展理念的研究成果为基础，运用熵权 TOPSIS 法对南京都市圈经济发展的质量进行测度和评价；从"空间关联"方面，分析南京都市圈内各城市经济发展质量的空间分异特征；从"时间序列"方面，分析南京都市圈内各城市经济高质量发展的时间演变过程。通过对 7 个维度的分析，识别影响南京都市圈经济高质量发展的因素。

（6）推进南京都市圈经济高质量发展的路径与机制。本书借鉴发达国家成熟都市圈（纽约都市圈、东京都市圈、伦敦都市圈、巴黎都市圈等）经济发展的经验与教训，为南京都市圈经济"高质量发展"探索适合区情的发展路径；以公共管理理论、组织行为理论、城市经济学、产业经济学为基础，阐述南京都市圈推进经济高质量发展、实现一体化发展的经济整合机制；从保持宏观经济稳定、创新驱动、人力资本投资、高水平对外开放、供给质量体系、城乡融合及区域协同六个方面提出促进南京都市圈经济高质量发展的对策与建议。

二、研究框架

本书的研究框架见图 1-1。

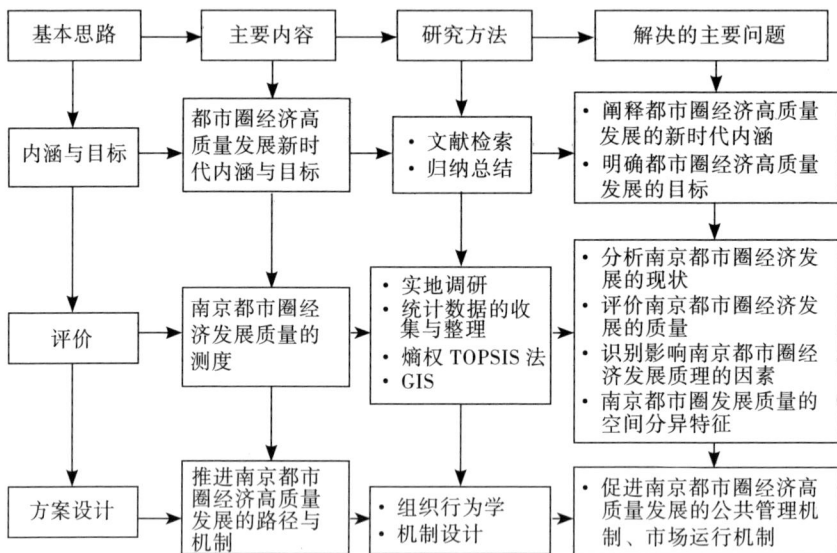

图 1-1　本书的研究框架

三、研究思路与方法

本书遵循"理论研究—实证分析—路径探索"的研究思路，把最新的理论研究成果与南京都市圈的特殊区情结合起来，以期为都市圈的高质量发展寻找理论支撑点和实践新模式，为南京都市圈的区域分工、城乡协调、产城融合提供理论参考和实践借鉴。

文献研究法是指通过收集并整理相关研究成果，形成对事实的科学认识的方法。本书在梳理国内外关于"经济发展质量"和"都市圈经济高质量发展"的研究成果的基础上，阐释都市圈经济高质量发展的新时代内涵，明确都市圈经济高质量发展的目标，构建本书研究的总体框架和逻辑思路。

熵权 TOPSIS 法，即逼近理想解排序法，是指根据有限评价对象与理想化目标的接近程度进行排序的方法。运用经济学、地理学、统计学等多学科交叉进行理论推理，运用熵权 TOPSIS 法对南京都市圈经济发展的质量进行评价。

第四节 概念释义

一、"都市圈"的概念界定

区域经济学范畴的"metropolitan area"在国内有多种译法，各类文献中常见的"都市区""都会区""大都市区""城市密集区""城市群""城市带"等都被代指"metropolitan area"，被翻译成"都市圈"一词一般认为源自日本。1951 年，日本学者木内信藏提出的三地带学说[1]逐渐发展成大城市经济圈理论，被认为是都市圈产生的理论基础。随后戈特曼所提出的大都市带（megalopolis）[2]、弗里德曼和米勒论及的城市场（urban field）[3]都是"都市圈"的代名词。日本的《地理学词典》将"城市通过

---

[1] 木内信藏以日本城市变迁为对象，在研究城市人口的断面变化与区域结构的关系时，提出了三地带理论，将城市地域由中心向外围划分为中心地域、城市的周边地域和市郊外缘的广阔腹地三个地带，以政府间的协调为保障，以便捷的交通、通信为支撑，通过中心城市与周边区域的双向流动而产生了都市圈。

[2] 大都市带又被称为"大都市连绵带"。戈特曼认为大都市带具有如下特点：一是沿着特定经济发展轴有多个大城市作为核心城市；二是中心城市和周边城市存在多种形式的双向互动；三是城市空间形态上互相连接；四是产业高度聚集。

[3] 城市场是比都市区更广义的城市集合体，都市圈是由一个核心城市和环绕四周的城市场构成的，有着紧密的社会经济联系网。

对其周边地域辐射中心职能而发展，以城市为中心形成的职能地域、结节地域"定义为都市圈，认为都市圈不仅是一个地域概念，还是一个功能概念。小林博在研究东京大都市圈后，把都市圈区分为三个部分：城市化地带（urbanized area）、大都市地区（metropolitan region）和大城市区（metropolitan area）。城市化地带为日常生活圈，强调周边城市与中心城市有着紧密的经济与社会联系；大都市地区是狭义的都市圈概念，即扩大了的日常生活圈，表现为由一个核心城市和若干中小城市组成的城市集合体；大城市区是以各种功能联系为主的城市势力圈，有一个或多个核心城市，由与核心城市紧密联系的、有一体化倾向的大中小城市构成，这三个层次是大城市的空间组织由量变到质变的变化过程。中国学术界所关注的都市圈介于大城市和城市群之间城市空间治理的重要单元（张学良，2018），与小林博第二层次的大都市地区相近，以一个或多个中心城市为核心，有密切经济与社会联系的圈层结构。《牛津地理学词典》界定的"都市圈"是这样的：带有郊区的规模庞大的城市居民点，带有卫星城的大城市（梅休，2001）。中国学者姚士谋（1992）将不同层级、性质和类型的城市"集合体"称为都市圈，以 1 或 2 个大城市为核心，各城市依托一定自然禀赋条件、借助便利的综合交通、通信网络发展内在联系。

二、"都市圈"的特征

"圈"是都市圈的核心特征，一方面体现了空间形态，是一种经济地理概念，由地域上相互毗邻的城市所组成的城市集合体，以核心城市为圆心、以一定距离为通勤半径的空间范围；另一方面体现为经济联系，是一种区域经济概念，是具有综合功能的中心城市与外围的经济功能递减的众多中小城市共同构成的多层次、动态的开放系统，中心城市以其强大的辐射能力带动周边中小城市的发展。从性质上看，都市圈内各城市没有行政上的隶属关系，仅是在区域视角下强化城市间的产业联系，实现优势互补，形成一体化的发展态势。

首先，有一个或多个中心城市。这个（些）城市是中心，是枢纽，无论在经济总量上，还是在发展速度上，对外围的中小城市都具有很强的吸引力，吸引生产要素在中心城市积聚。中心城市对周边城市的经济发展起核心和支配作用。不过，中心城市的向心力（centripetal force）会随着经济的发展而不断变化，其经济首位度[1]或变强抑或变弱。

其次，拥有广阔的经济腹地。周围城市是都市圈发展的经济腹地，既受中心城市的辐射，也为中心城市的发展提供广阔的市场空间。不过，作为经济腹地的周围城市，非农就业的比例高、城镇化的水平高、经济较为发达是必要条件。中心城市与周围经济腹地形成"圈层式"结构布局。

最后，一体化发展是都市圈经济的基本特征，也是都市圈化的实质。中心城市与各层次的城镇之间通过合理分工（包括产业分工和功能分工）与密切合作，实现资金、技术、人口、商品等各种经济要素的相互融合和互补。都市圈内各城市在各自的职能定位的基础上，共享产业、生态、文化体系。

三、都市圈的统计范围

因为国内外学术界对都市圈的称呼、内涵及其划分标准均未达成共识，所以都市圈在统计范围上存在较大的争议，划分的标准也存在巨大的差异。国际学术界和政府主管部门在测度"都市圈"的范围时，一般做法主要依据三个指标：①基本统计单元，即都市圈所包含的基层行政单元；②中心城市，即都市圈的核心城市，Dijkstra 等（2019）主张使用"人口规模"，Uchida 等（2008）主张使用"人口密度"等作为衡量指标；③邻近区域，即都市圈的经济腹地，邻接地区范围的大小，有

---

[1] 经济首位度是衡量中心城市经济发展水平的重要指标，一般有两种衡量方法：①第一大城市的经济规模在整个区域中的比重。通常经济首位度越高，说明该城市的经济实力越强、经济地位越高。②第一大城市与第二大城市的经济规模之比。一般认为，首位度小于2，地区经济较为均衡；首位度大于2，地区经济存在结构失衡。

学者（Duranton，2015）主张使用与中心城市的"通勤率[1]"来反映，也有主张用交通用时（Moreno-monroy et al.，2021）、人口密度（OECD，2012；Uchida et al.，2008）、卫星影像（Rafael et al.，2021）和夜间灯光（Dingel et al.，2019）等数据来反映（如表 1-1 所示）。根据上述划分标准，我国当下规划的都市圈中绝大部分的范围要超过此标准。

表 1-1　都市圈核心统计指标的国别差异

国家 / 机构	都市圈统计定义	核心指标		
		基本统计单元	中心城市指标	邻近区域
美国	大都市区统计区（MSA）	县	人口规模大于 5 万人	单向通勤率大于 15%，双向通勤率超过 20%；非农劳动力的绝对数大于 1 万人，比例超过 75%
日本	都市圈	市町村	人口规模超过 100 万人	外围地区到中心城市的通勤率不小于 15%
欧洲	大城市区（LUZ）	二级地方单元	人口规模超过 5 万人 人口密度不低于 500 人 / 平方千米	通勤率不低于 20%
OECD（一般指经济合作与发展组织）	大都市区	自治市	亚洲地区人口规模不低于 10 万人，欧洲地区人口规模不低于 5 万人 人口密度为 1500 人 / 平方千米	通勤率不低于 15%

在我国，现有统计数据中没有通勤的数据，有学者（孙胤社，1992）主张使用区域内"月客流量"作为划分邻接区域的指标，不过这一指标值实际上也是难以取得的。也有学者和机构（李孟，2005；张学良等，

---

[1]　源自日语的 "通勤"是指从住所往返工作场所的过程，通勤率是指往返两地的劳动力占本地劳动力的比例。

2019；国家发展和改革委员会，2019；自然资源部，2021）主张用交通距离及通勤时间作为划分标准，经济地理学认为地区间经济联系会随着距离的增加而衰减，因此使用交通距离和通勤时间作为替代指标不失为一个可行的做法。还有学者（顾朝林，1999；周一星，1995；谢守红，2004；宁越敏，2011）主张用非农人口及城镇化率作为替代指标，认为非农人口及城镇化率是影响邻接城市与中心城市通勤的最重要因素。还有学者（郭熙保 等，2006）结合前述的交通距离、城镇化水平两类指标作为标准，在都市圈的范围界定上提出初级、中级和高级三级标准。国情特点决定了我国对都市圈的划分标准与欧美日是不同的，这是因为作为衡量都市圈的范围大小的重要指标——人口规模和国土面积，我国与欧美日等国家和地区有着较大差异，所以不能照搬别人的标准。

表 1-2　国内都市圈界定标准统计表

作者／机构	核心指标		
	统计单元	中心城市指标	邻近区域
孙胤社（1992）	县（区、市）	人口规模大于 50 万人	月客流比例在 50% 以上的县域范围
宁越敏（2011）	县（区、市）	人口规模大于 50 万人	城镇化率在 60% 以上
谢守红（2004）	县（区、市）	人口规模大于 50 万人	非农化水平高于 50%，城镇化率在 40% 以上
国家发展和改革委员会（2019）	地级市、县区	人口规模大于 500 万人	1 小时通勤圈为基本范围
自然资源部（2021）	地级市、县区	人口规模大于 500 万人	1 小时通勤圈为基本范围。在日常通勤和功能组织上，邻近区域与中心城市之间是存在密切联系的一体化区域

续表

作者 / 机构	核心指标		
	统计单元	中心城市指标	邻近区域
李孟（2005）	地级市、县区	非农人口超过 100 万人的城市为中心城市	与中心城市的通勤距离在 50 千米范围以内，或通勤时间为 1~2 小时
郭熙保等（2006）	地级市、县区	初级标准：中心城市人口不少于 100 万人	初级标准：距离中心城市在 100 千米范围以内，外围地区城镇化率为 30%~50%
		中级标准：中心城市人口达到 500 万人以上，至少有一个以上副中心	中级标准：距离中心城市在 200 千米，外围地区城镇化率为 50%~70%
		高级标准：中心城市人口超过 800 万人，出现多个区域副中心	高级标准：距离中心城市超过 200 千米，外围地区城镇化率超过 70%

第五节　创新之处

一、回答新问题

　　都市圈经济高质量发展的内涵与目标、南京都市圈经济发展质量的测度与评价、南京都市圈经济发展质量的空间分异和时间演化等基本特征，这些都是已有文献研究较少的问题。

二、研究新方法

　　本书运用熵权 TOPSIS 法对南京都市圈经济高质量发展进行测度，并从时间和空间两个方面对南京都市圈内各城市经济发展质量进行分析，即空间分异特征和时间演化特征。通过探究各城市在经济发展质量上的差异，剖析地区经济发展所面临的制约因素。

三、提出新举措

　　本书将新发展理念和都市圈经济发展的研究有机结合，提出促进南京都市圈经济高质量发展的公共管理机制和市场运行机制。

第二章　都市圈经济高质量发展的研究综述

第一节　经济高质量发展的研究综述

一、国外研究综述

西方主流经济学并没有经济高质量发展的提法，相关的理论研究成果都是围绕经济增长（economic growth）与经济发展（economic development）的关系而展开的。梳理西方经济学说的历史可以发现，在处理经济增长与经济发展的关系上，以 20 世纪 70 年代作为分界点可以把经济学说史划分为两个阶段：20 世纪 70 年代之前更强调国民经济在"量"上的扩张，20 世纪 70 年代之后关注对国民经济"质"的探讨。

（一）20世纪70年代之前：强调以物为本的增长

在资本主义早期，在工业化的推动下社会财富实现快速增长，日益膨胀的物质欲望逐渐成为社会主流意识形态。在此经济背景下，西方经济理论把财富的增长作为研究对象。对经济增长的关注最早开始于亚当·斯密，他在《国民财富的性质和原因的研究》一书中以"社会分工"为视角探讨财富增长的源泉。此后，托马斯·马尔萨斯在《人口原理》中、约翰·梅纳德·凯恩斯在《就业、利息和货币通论》中、罗伊·哈罗德在《动态经济学》中、埃弗塞·多马在《经济增长理论》中、罗伯特·默顿·索洛在《对增长理论的贡献》与《技术变化与总生产函数》中，从不同视角、运用不同的方法探讨了如何实现经济增长。在物本主义（materialism）原则的指导下，这些经济学理论都突出强调在既定的资源条件下如何实现最优产出组合问题，把物质财富的增加看成经济增长的最终目的。随着20世纪30年代大危机的爆发，物本主义的经济增长模式逐渐走向衰落，但鉴于传统经济学理论仍有较大的市场，其巨大的惯性仍统治着社会经济生活（钟怀宇，2007）。直到20世纪60年代末伴随着滞涨（stagflation）现象的出现，人们才开始真正反思以物为本的经济增长方式可能引发的诸多问题，经济增长模式方从以物为本转向人本主义（humanism），强调全面、协调、可持续（马克·A.卢兹，2003）。

不过，此时经济学理论也开始涉及对经济增长的"质"的探讨，如把智力水平（即企业家才能）、创新理念引入经济理论的分析之中。作为经济增长的动力源泉，前者强调企业家才能在生产过程中的重要作用，后者认为技术创新、组织创新、制度创新等都可以带来经济的增长。

（二）20世纪70年代之后：反思经济增长引发的危机

事实上，人类很早就关注到了"经济增长—环境危机"悖论[1]，最早可以追溯到18世纪，关注工业经济的发展所引发的资源与环境代价，但这种转变远不能看成对经济增长方式的反思。真正反思经济增长的后果以及经济发展的内涵是在20世纪70年代之后，强调经济发展不应仅是国民收入"量"的增长，更应该是"质"的提升，表现为产品质量的提升、经济效率的提高（卡马耶夫，1983），人力资本积累、金融风险的防范（托马斯，2001），居民生活水平的提高、环境的可持续能力（UNDP，1990）等。国外学术界研究经济发展的质量主要集中在对可持续发展（sustainable development）[2]的关注：早期学者们关注的是可持续发展所面临的资源与环境约束，后来关注点集中到可持续发展下的贫困问题和分配不公平问题。除了关注可持续发展这一话题外，发展观也从直观的经济增长引申到对社会与经济结构变迁的考察。

1. 可持续发展及其资源与环境约束

如何应对经济发展过程中所面临的资源与环境的约束，学术界存在悲观主义和乐观主义两派。前者以马尔萨斯为代表，他是最早消极地解释经济如何不发展的代表人物。在《人口原理》一书里，马尔萨斯关注到人口增长与生存资源增长之间的矛盾，认为经济增长会受到马尔萨斯陷阱

---

[1] "经济增长—环境危机"悖论是指经济高速增长和生态环境恶化并存的一种现象，此时经济增长与环境保护陷入两难境地：经济高速增长导致资源瓶颈和环境恶化，而环境恶化又会阻碍可持续发展。

[2] "可持续发展"一词最早由人类学家沃德（Barbara Ward）和微生物学家杜博斯（R. Dubos）在《只有一个地球》（1972）一书中使用，随后因联合国《世界自然保护大纲》（1980）引起国际社会的持续关注，并在1987年世界环境与发展大会的报告《我们共同的未来》中详细阐释了"可持续发展"的内涵。"可持续发展"意指社会与生态系统保持正常运转，不会因为关键资源的耗尽而被迫衰减发展能力。后来的全球气候变化、碳排放目标等都是"可持续发展"的核心议题。

（Malthusian catastrophe）[1]的限制。随着20世纪60年代末和70年代初"滞涨"的出现，经济发展中所面临的资源枯竭、环境恶化和人口膨胀问题均暴露出来，理论界对过去的经济发展和理论研究做出深刻反思，影响力最大的是"罗马俱乐部"的德内拉·梅多斯等（1972）的《增长的极限》，预言受石油等自然资源供给的限制，经济增长将不可持续。因此有了"石油终结新世界"的说法（罗伯茨，2005）。此外，影响比较大的还有米香的《经济增长的代价》、蕾切尔·卡森的《寂静的春天》、福来斯特的《世界动态》等。联合国开发计划署（UNDP，1996）也列举了"有增长无发展"的五种形态：无工作的增长、无情的增长、无声的增长、无未来的增长和无根的增长。学术界对未来的经济发展充满了悲观主义色彩。面对日益突出的资源与环境约束，1972年，联合国人类环境大会强调要加强对环境的保护，随后世界环境与发展大会和世界气候大会都把推动碳减排作为主要议题。

随着新增长理论的出现，技术乐观主义认为尽管自然资源的存量是有限的，但技术进步将提高资源的经济效率，从而会不断突破资源与环境的约束（Baumol et al.，1988）。达斯古普塔等（Dasgupta et al.，1980）运用拉姆齐 – 卡斯 – 库普曼斯模型（Ramsey-Cass-Koopmans Model）对可竭性资源进行了研究，得出了与 Baumol 几近相同的结论。

总之，这个时期关注经济的可持续发展主要还停留在经济学界之外：一是生态学方向，二是社会学方向，集中在经济发展过程中所面临的资源与环境约束，经济学理论界尚未涉及对经济增长质量的关注。

2. 可持续发展下的贫困和分配不公问题

对经济增长质量的深入考察开始于20世纪70年代末，如前文提及的卡马耶夫、库兹涅茨等。库兹涅茨认为"一个国家的经济增长，可以定义为给居民提供种类日益繁多的经济产品的能力长期上升，这种不断增长的

---

[1] 马尔萨斯陷阱是指人口以几何级数增长，而生存资源（主要是粮食）以算数级数增长，导致多增加的人口需要以某种方式（如战争、瘟疫、饥荒等）被消灭掉，才能保持人口与生存资料相适应。

能力是建立在先进技术以及所需要的制度和思想意识之相应的调整的基础上的[1]。经济增长"能力的长期上升"即为可持续发展，"给居民提供种类日益繁多的经济产品"强调要让居民分享经济增长的成果。此外，他还强调了提升经济增长能力需要满足三个必要条件。随后，学者们就制约可持续发展的贫困和分配不公平问题深入研究了经济发展的"质"，提出了诸如"对穷人友善的增长"[2]、"包容性增长"[3]等新经济增长理念。传统经济学理论认为经济增长会减少贫困的发生，市场机制可以实现收入均等化，从斯密的"涓滴效应"[4]到库兹涅茨的"倒U形假说"[5]、纲纳·缪尔达尔（Mydral，1957）的"扩散效应"[6]再到新自由主义，均是如此。

[1] 西蒙·库兹涅茨. 现代经济的增长：发现和反映 [J]// 外国经济学说研究会. 现代国外经济学论文选（第二辑）[M]. 北京：商务印书馆，1981：21-37.

[2] "对穷人友善的增长"最早见于英国发布的《国际发展白皮书》（1997），随后相继出现在亚洲开发银行（1999）和世界银行（2000）的研究报告里。该经济增长理念关注经济增长、社会贫困与分配不公平的相互关系。

[3] "包容性增长"萌芽于亚洲开发银行（1966）提出的"要对地区的和谐增长做出贡献"，倡导机会均等，让社会公众分享经济增长的成果。该理念最早由亚洲开发银行提出，随后多次出现在亚洲开发银行和世界银行的研究报告中。在我国引起广泛重视是胡锦涛主席在 2009 年亚太经合组织（APEC）领导人峰会和 2010 年 APEC 人力资源开发部长级会议上的两次讲话。

[4] "涓滴效应"也被称为利益均沾理论，该理论认为在经济增长过程中不必给贫困阶层以特殊优待，先富裕群体通过消费、就业等方面的经济活动就可以惠及贫困群体，从而达到带动其致富的目的。

[5] "倒U形假说"是美国学者库兹涅茨于 1955 年提出的关于经济增长与收入分配差距关系的学说，认为随着经济增长或人均收入达到并超过 1000 美元，收入分配的差距就会缩小。

[6] "扩散效应"和"回波效应"一起构成了缪尔达尔的"循环累积因果论"，"回波效应"认为要素由不发达地区流向发达地区使区域差距不断扩大；而"扩散效应"认为要素会从发达地区流向不发达地区而使地区差距不断缩小。缪尔达尔认为，在经济发展早期，回波效应会大于扩散效应，导致发达地区更加发达而落后地区愈加落后；但随着经济发展至成熟阶段，在市场机制的作用下扩散效应会大于回波效应，使地区收入分配差距不断缩小。

"对穷人友善的增长"和"包容性增长"理念的提出，是对上述思想的批评，认为市场机制完善与否，并不必然自发实现收入均等化，各国根据本国国情制定强有力的经济增长和收入分配政策是必要的。"对穷人友善的增长"强调贫困人口不应被排斥在经济增长的进程之外，"包容性增长"倡导贫困人口享有和其他人一致的经济与政治权利，合理分享经济增长的成果。新时代中国推动共同富裕，其基本实现路径即为包容性增长（洪银兴，2022）。米拉奇拉等（Mlachila et al., 2004）所论及的"社会友好性增长"也同此意，持有此观点的还有琼斯、伊斯特利和赫尔普曼等人。

在可持续发展的理念下，20 世纪 80 年代以来的新增长理论将知识与人力资本、制度变革等引入对经济增长的研究，前者如"知识溢出与驱动模型""人力资本积累与溢出模型""新产品引进知识外溢内生增长模式""发明与有限的边干边学模型"，经济增长表现为知识外溢（即劳动者素质提升和技术进步）下的收益递增；后者如戴维斯和诺斯，强调制度变迁对经济增长的积极意义，合适的制度安排有助于降低交易成本，提高经济运行的效率。

3. 发展观的变迁

现代社会是一个多维发展的系统，美国学者托达罗（1999）认为经济发展不完全是一个经济现象，还应包括经济与社会体制重组和调整等多维方面。罗斯托认为经济增长会使社会体系朝着更美好、更人道的方向演进，马约尔认为发展应该是多元的。联合国前秘书长吴丹用公式"发展＝经济增长＋社会变革"[1]更加形象地展示了发展观的这种变化。这种发展观从根本上突破传统经济理论"发展＝经济增长"的局限性，将研究视野由单纯强调经济增长扩展到经济生活的各个方面，随着"越来越多的技术学科加入进来"[2]，逐渐产生了发展经济学、发展政治学、发展社会学、发展

---

[1] "发展＝经济增长＋社会变革"是时任联合国秘书长吴丹在 1960 年"联合国第一个发展十年"开始时所概括的定义"发展"的公式。该公式既是对第二次世界大战后近 20 年经济发展的总结，也是对未来经济发展目标的共识。

[2] 谢中立. 西方社会学名著提要 [M]. 南昌：江西人民出版社，1998：18.

史学、未来学等多个学科。这种多维发展观在中国古代"天人合一"[1]思想中可以找到理论渊源，在马克思主义辩证法[2]里可以找到哲学基础，在西方系统工程学[3]里可以找到理论基础。

二、国内研究综述

从 2017 年习近平总书记在十九大报告中首次提出"高质量发展"的新表述至今，中国学术界对"高质量发展"的研究出现了一个高潮，研究成果丰硕（通过"中国知网"的统计，截至 2022 年 8 月 14 日，与"高质量发展"相关的文献共 264708 篇，2017 年之后占比超过 4/5）。根据"中国知网"的统计（时间截至 2022 年 8 月 14 日），以"高质量发展"为检索主题，共有 207254 篇文献（其中期刊论文有 55914 篇，有 8699 篇发表在核心期刊上）；以"经济高质量发展"为检索主题，共有 40691 篇文献（其中期刊论文有 12046 篇，有 2597 篇发表在核心期刊上）；以"新发展理念"为检索主题，共有 16763 篇文献（其中期刊论文有 7921 篇，有 1412 篇发表在核心期刊上）（如表 2-1 所示）。现有的研究成果主要集中在"高质量发展"的内涵及其本质特征、经济发展质量的测度与评价、推进高质量发展的动力机制。其中，2017—2022 年各类期刊发表的与"高质量发展"有关的研究成果统计见图 2-1。

---

[1]　"天人合一"思想在《黄帝内经》和《淮南子》中均有准确表述，把天、地、人看成一个有机的整体。

[2]　恩格斯认为世界不是"一成不变的集合体"，而是"过程的集合体"，是由许多单个人意志的"交互作用"的结果。

[3]　"系统工程"最早是由贝尔公司于 20 世纪 40 年代提出用于统筹安排微波通信网，后来被贝特朗菲（Bertallanffy，1968）在《一般系统论：基础、发展与应用》一书中运用到对复杂社会现象的研究。

表 2-1 "高质量发展"研究成果统计   单位：篇

检索主题	全部文献	期刊		学位论文		会议论文	报纸文献
		全部期刊	核心期刊	硕士论文	博士论文		
高质量发展	207254	55914	8699	5674	518	1336	143812
经济高质量发展	40691	12046	2597	1326	158	216	26945
新发展理念	16763	7921	1412	797	92	184	7769

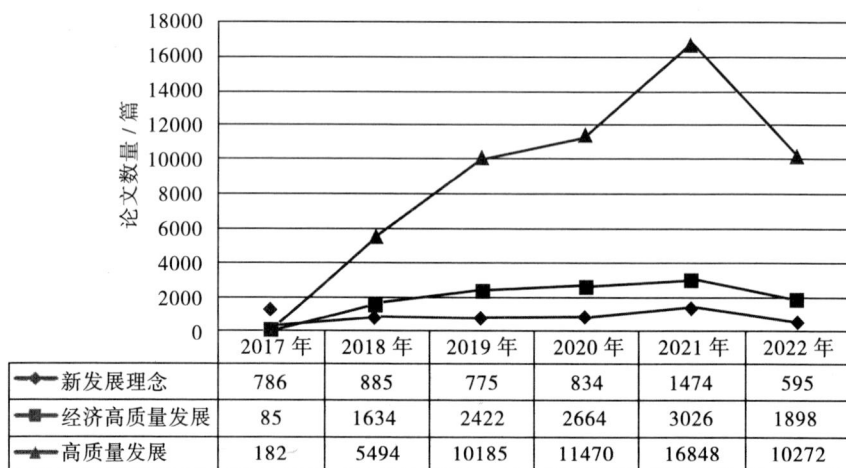

	2017 年	2018 年	2019 年	2020 年	2021 年	2022 年
新发展理念	786	885	775	834	1474	595
经济高质量发展	85	1634	2422	2664	3026	1898
高质量发展	182	5494	10185	11470	16848	10272

图 2-1 2017—2022 年各类期刊发表的与"高质量发展"有关的研究成果统计

（一）"高质量发展"的内涵及其本质特征

"高质量发展"是相对于我们过去的高速增长而言的，过去这种以"数量速度型"为特征的经济增长方式带来了一系列结构性矛盾、资源瓶颈、效率低下等问题（李成宇 等，2018；Song et al.，2015）。推进经济的"高质量发展"是我国经济进入"新常态"[1]之后，遵循经济发展规律的必然要求。对于什么是高质量发展，学者们认为：

（1）高质量发展必须以一定增长速度为保证。经济发展是速度与质量的统一（魏杰 等，2018；汪浩，2018；史丹 等，2019），高质量发展必须以一定速度的增长为基础（陈学慧，2018；许光建，2020），库兹涅茨提出的"提供种类日益繁多的经济产品的能力长期上升"和傅家骥等（1994）提出的"保持财富净增长"均是这个意思。2018 年中央经济工作会议强调要坚持"稳中求进"的工作基调、2019 年中央经济工作会议强调"保持经济运行在合理区间"，实际上都是要求经济有一定的增长速度。

（2）高质量意味着"有质量、有效益、可持续、更公平"。王一鸣（2018）从宏观、中观和微观三个层面探讨了"有质量"的内涵：宏观层面看要提高国民经济的整体效率，中观层面看要推进区域和产业的协调发展，微观层面看要提升产品与服务的质量。刘迎秋（2018）、刘海霞（2019）将"有质量"的内涵区分为广义和狭义两种，其中狭义方面指高质量产品的生产，这是高质量发展的微观基础（赵剑波 等，2019）。刘迎秋定义的广义"有质量"是指产品生产过程的高质量，而刘海霞则认为是社会再生产四环节及其互动关系的质量。"有效益"意味着生产要素投入少、资源配置效率高、资源环境成本低（林兆木，2018），资源配置效率要充分发挥市场机制的决定性作用，要素投入要注重内涵式发展（李伟，2018）。"可持续"要求通过产业升级和技术创新，突破资源与环境的"瓶颈"效应。"更公平"体现在让发展的成果惠及全体人民（蔡昉，2017）。

---

[1] "新常态"是对中国经济发展形势的最新研判，该提法是习近平总书记 2014 年 5 月在河南省考察时提出的。习近平强调要从阶段性特征出发，"适应新常态，保持战略上的平常心态"。"新常态"意味着中国经济转向中高速增长，结构的优化升级（第三产业逐步成为主导、消费成为促进经济增长的主体、收入分配向居民倾斜、城乡差距逐步缩小），经济增长动力由要素驱动、投资驱动转向创新驱动，经济增长的质量不断得到提升。

周子勋（2018）认为高质量的发展需要更加公平的收入分配，而盛朝迅（2018）认为"更公平"的核心要义是要从不平衡不充分发展转向共享发展、协同发展。

（3）高质量发展要求改变经济发展的重点。满足人民群众日益对美好生活的向往是高质量发展的本质要求（金碚，2018；刘志彪，2018；洪银兴，2019）。提高人民生活的质量，既是高质量发展的逻辑起点，也是其根本目的（刘兴远，2019）。何为高质量的生活，林兆木（2018）认为是高质量的商品和服务，简新华等（2019）认为是良好、均等的公共服务，陶希东（2018）认为除了这二者外，良好的教育、稳定的工作、满意的收入、可靠的社保、高水平的医疗、舒适的居住环境、优美的环境、丰富的文化生活等统统都是，此外还表现为公平正义的职业体验、自我价值的实现、有尊严的生活等。辛鸣（2020）将前者界定为"硬需求"，而将后者界定为"软需求"。

（4）高质量发展要推进高水平的对外开放。"开放带来进步，封闭必然落后"[1]，新时代实现中华民族的伟大复兴，仍然需要继续以改革开放为引擎（郑士鹏，2018）。通过"引进来"突破利益固化，倒逼机制与体制改革与创新，提升本国制度体系的先进性（魏浩 等，2022）。通过"走出去"搭上全球价值链的快车，塑造中国价值链的新位势。在新发展格局下，无论是理论界还是主管部门都强调要畅通国内大循环（董志勇 等，2020；刘志彪，2020；黄群慧，2021），但这并不意味着我们要走封闭的自我循环（张其仔，2021），而应是"在更加开放条件下进行"[2]。如何推进高质量的对外开放？2018年中央经济工作会议提出要推动对外开放由"商品和要素流动型"向"规则制度型"转变，景春梅等（2019）强

---

[1] 《人民日报》评论部. 开创改革开放新局面：新时代中国特色社会主义的伟大成就 [N]. 人民日报，2021-11-30（05）.

[2] 习近平在博鳌亚洲论坛2018年年会开幕式上的主旨演讲（全文）[EB/OL]. （2018-04-10）[2022-02-27]. http://www.gov.cn/xinwen/2018-04/10/content_5281303.htm?from=timeline.

调要在市场化和法治化轨道上推进开放，阎海峰等（2020）主张以自己的行动为发展中国家参与自由贸易提供"中国方案"，要积极参与全球贸易规则和经济秩序的制定（陈继勇 等，2019）。

（二）"高质量发展"的测度与评价

尽管"高质量发展"理念提出已有 5 年，但学术界对"高质量发展"内涵的界定并未达成共识。狭义理解的"高质量发展"就是提升经济效率，一些学者就主张使用单一维度指标来衡量，如投入 – 产出率（沈坤荣 等，2010）、全要素生产率（曹佑 等，1994；张军 等，2003）、劳动生产率（陈诗一 等，2018）。但刘志彪（2018）、魏敏等（2018）认为单一指标不能揭示经济发展的全貌，需要构建一系列相对完整的指标体系。温素彬（1996）是第一个通过构建指标体系分析经济增长质量的学者，此后，学者们从不同侧面探讨测度经济发展质量的指标体系（见表 2-2）。

表 2-2 学者们关于"高质量发展"测度指标体系的设置一览表

作者	考察维度
温素彬（1996）	从条件指标体系、效果指标体系和可持续发展指标体系三个方面设置评价经济发展质量的指标体系 条件指标体系：即为支持经济增长的基础条件和各种投入，如劳动、资本、能源使用量、基础设施和产业、研发投入、受过高等教育的人口等方面 效果指标体系：经济增长集约化程度、产业结构状况、社会需求、人民生活及就业、国际竞争力、环境改善等方面 可持续发展指标体系：人均 GDP 及增长率、技术改造投资占比、研发投入占 GDP 比重等方面

续表

作者	考察维度
李变花（2004）	经济增长水平：使用环境调整的 GDP 衡量 经济效益：全社会劳动生产力、投资效果系数、单位能耗产出率 经济结构：第三产业增加值占比、城镇化率、产品结构和需求结构的适应性 技术进步：高科技投入、高技术产业增加值比重、科技直接产出指标 环境保护：工业废水排放达标率、工业废气处置率、工业固体废物综合利用率 竞争能力：出口总额 /GDP、外商投资额比重、人均邮电业务量 人民生活：人均 GDP、城镇居民人均可支配收入、农民人均纯收入 经济稳定性：经济波动率
赵英才等（2006）	产出效率：劳动生产率、资本产出率、增量资本产出率、劳动力技术装备程度、全要素生产率 生产消耗：劳动力要素投入弹性系数、资本要素投入弹性系数、单位产出能耗、能源消耗弹性系数、单位总产出成本率指数 产品质量：产品合格率 经济运行质量：经济波动率指数、第三产业产值份额指数 生存环境质量：单位产出大气污染指数、单位产出污水排放指数、单位产出固体废弃物排放指数、治理污染的投资指数、环境质量成本指数
钞小静等（2009）	经济结构：产业结构、投资消费结构、金融结构、国际收支等 经济增长的稳定性：产出波动、价格波动、就业波动 经济成果分配：福利变化、成果分配 资源约束和环境约束：资源利用、生态环境代价
魏敏等（2018）	经济结构、资源配置、技术创新、市场机制、基础设施、区域协调、产品与服务的质量、生态文明、经济增长的稳定性、社会福利等 10 个维度

续表

作者	考察维度
师博等（2018）	经济发展：经济增长的强度与经济增长的稳定性、外向性、合理性等4个维度 社会发展：人力资本、生态资本等2个维度
徐瑞慧（2018）	经济发展：经济增长水平、稳定性、经济增长的行业构成及需求构成等4个维度 社会发展：人力资本、生态资本、环境因素等3个维度
迟福林（2018）	创新驱动、消费拉动、服务业主导、绿色发展、城乡融合等5个维度
刘惟蓝（2018）	产出效益、结构优化、科技创新、开放合作、绿色生态等5个维度
殷醒民（2018）	全要素生产率、科技创新能力、人力资源质量、金融体系效率、市场配置资源机制等5个维度
朱启贵（2018）	动力变革、产业升级、结构优化、质量变革、效率变革和民生发展等6个维度
李子联等（2019）	从创新驱动、协调发展、绿色生态、开放稳定、共享和谐五大发展理念的视角考察经济发展质量
史丹等（2019）	
孙豪等（2020）	
刘亚雪等（2020）	
徐辉等（2020）	
黄庆华等（2019）	经济发展、创新驱动、生态文明、社会民生、基础设施等5个维度
李金昌等（2019）	经济活力、创新效率、绿色发展、人民生活、社会和谐等5个维度

续表

作者	考察维度
唐晓彬等（2020）	经济稳定发展：经济增长、经济运行风险 创新驱动水平：研发成果、数字经济 协调发展水平：城乡结构、城乡差距 生态环境水平：绿化水平、能源使用效率 对外开放水平：外贸发展、外资发展 社会发展水平：民生发展、教育环境、产品质量
张国兴等（2020）	经济结构优化：经济增长、产业结构、对外开放水平 创新驱动发展：创新投入、创新产出 资源有效配置：教育资源、医疗资源、人力资源、土地资源、水资源 生态适度宜居：城市绿化、污染排放、绿色治理 公共服务共享：交通信息基础设施、居民生活质量
崔盼盼等（2020）	有效性、稳定性、创新性、分享性、协调性等5个维度
周清香等（2020）	动力转化：人力资本、创新能力 结构升级：产业结构、投资结构、消费结构、金融结构、开放结构
郭芸等（2020）	成果共享：经济产出、增长效率、福利分配 环境保护：资源禀赋、资源利用、环境代价
杨耀武等（2021）	经济成果分配：产出用于消费比例、居民收入分配状况 人力资本及其分布状况：身体素质、受教育状况 经济效率与稳定性：经济效率、经济波动 自然资源与环境：经济活动造成的环境破坏、基础自然资源变动 社会状况：社会保险、社会环境

续表

作者	考察维度
张震等（2022）	经济发展动力：科技创新能力、消费率、资本回报率、劳动生产率 新型产业结构：先进制造业产出比率、高技术制造业产出比率、生产性服务业就业比率 经济发展条件：高铁频次、每万人高速公路里程、民航客运量占比、电话普及率、互联网宽带普及率、教育支出占比、医疗卫生与计划生育支出占比 经济发展开放：对外贸易依存度、对外资本依存度、对外投资力度、贸易差额 经济发展协调：GDP 变异系数、经济增长率变异系数、城乡收入比、城乡消费比、居民收入变异系数 绿色发展：单位 GDP 能耗、工业污染治理投资额占比、单位工业产值废气排放量、单位工业产值固体废弃物产生量 经济发展共享性：人均可支配收入、人均教育经费、万人拥有公共图书馆个数、万人拥有医生数、城镇登记失业率、师生比
袁晓玲等（2022）	投入：资本投入、劳动投入、土地投入、资源消耗、财政投入 产出：期望产出、非期望产出
郭伟等（2022）	经济发展活力：经济发展水平、人均 GDP 增长率、产业结构优化、需求结构优化、外贸开放程度、农村恩格尔系数、城市恩格尔系数、城乡人均收入可支配比值 经济发展效率：土地产出率、劳动生产率、资本产出率 创新驱动能力：技术市场成交额、全要素生产率、万人 R&D 项目数、新产品销售收入 / 主营收入、万人新产品开发项目数、万名 R&D 人员有效发明专利数

（三）"高质量发展"的动力机制

"高质量发展"是中国特色社会主义进入新时代的本质要求。推进经济高质量发展，需要实现经济发展动能的转换。

（1）强调创新在实现高质量发展中的作用。余东华等（2020）把动能区分为内源性和外源性两个方面，内源性动能表现为劳动者素质的提升、创新，外源性动能包括深化开放、消费和要素的升级。事实上，外源性的消费和要素的升级也要依赖于创新。金碚（2018）、施洁（2019）、葛和平和吴福象（2021）等从宏观和微观层面分析高质量发展的动力机制，认为微观层面的高质量发展体现为效率提升，动力来自创新；宏观层面的高质量发展表现为结构转型升级，动力在于制度创新和技术创新。可见，众多学者在探讨动力机制时共同指向了创新，有些学者（黄速建 等，2018）将创新称为核心动力，有的学者（余永泽 等，2018；中国社会科学院习近平新时代中国特色社会主义思想研究中心，2020）将此比喻成第一驱动力，看到了创新在推进高质量发展中的重要作用。龚刚等（2017）指出中国能否跨越"中等收入陷阱"（middle income trap）[1]，关键在于创新所提供的持久动力。

（2）创新发挥作用的前提条件。李佐军（2016）、蒲晓晔等（2018）认为创新要发挥实际作用，有一个前提条件，即深层次的经济体制改革，强调制度变革是"高质量发展"的根源性动力。刘思明等（2019）在对创新驱动力进行测度后，认为当下存在的最大问题是制度变革滞后于技术创新，使得创新活力总体不足，成效不理想。制度创新一方面有助于降低交易成本，促进企业的技术创新（鲁桐 等，2015；夏杰长 等，2017），另一方面会激发市场活力，从而提高经济运行的效率（宋国学，2014）。

---

[1] "中低收入陷阱"是世界银行报告《东亚复兴：关于经济增长的观点》（2007）中所阐述的一种经济现象，即那些人均收入达到中等水平的国家，经济增长会陷入停滞。这种现象在拉美国家和部分亚洲国家普遍存在，如何跨越"中低收入陷阱"为国内外学术界所关注。

除了制度变革这个源生动力外，任保平（2020）认为人才也至关重要，人力资本高级化会促进创新能力的提升（游士兵 等，2020；刘智勇 等，2018；李后建 等，2018），因此可以这么说，创新驱动的实质就是人才驱动（陈耀，2018），人才是实现"高质量发展"的第一资源（中国社会科学院习近平新时代中国特色社会主义思想研究中心，2020）。

此外，于树一（2019）、张燕生（2021）关注了高水平对外开放，杨飞（2018）、匡贤明（2020）考察了消费结构的转型与升级在推进"经济高质量发展"中的积极作用。

三、研究述评

梳理现有文献，可以看出国外研究起步早，研究范式成熟，在关注经济增长的同时还注重考察经济、社会与资源环境的和谐。循着此研究范式，国内学者对高质量发展的研究也从狭义经济增长上升到综合层面，越来越重视社会效益和生态效益。这些文献为本书提供了丰富的理论支撑和现实参考。但尚有如下两个问题需深入挖掘：其一，现有文献基本围绕经济高质量发展展开，但高质量发展的内涵还包含社会结构变迁、政治制度的完善、经济与产业结构的优化等，现有文献对此虽有提及，但尚未形成系统性分析；其二，国内对经济发展质量的研究文献较多，但缺少对理论基础的研究，基本围绕各自对高质量发展内涵的理解而构建评价体系，导致研究结果差异较大。

第二节　都市圈经济高质量发展的研究综述

一、国外研究综述

我国把都市圈界定为介于大城市和城市群之间的一种城市组织形态。但在国外理论界以及政府的相关部门，却把都市圈视作和大都市区（city-region）、城市群（urban agglomeration）、城市带（megalopolis）、大都市绵延区（metropolitan coordinating region）、都市扩展区（extended metropolitan regions）等相类似的概念，均表示城镇化发展到一定阶段时出现的新型城市空间组织形式。

国外城市经济研究的文献中没有"高质量发展"这个说法，但在提升城市群高质量发展方面，理论界和城市管理部门做了很多有益的探索。要搞清楚城市群发展质量，首先要构建一套测度与评价指标体系。最具代表意义的是日本学者稻本幸男构建的全球首套测度城市发展质量的指标体系[1]，此外还有联合国人居中心（United Nations Human Habitat，2001）、英克尔斯（Inkeles et al.，1974）、米切尔（Mitchell，2003）[2]、世界银行（World Bank，1995）。除了理论界对城市群高质量发展投入了较多目光外，城市（群）规划部门也从实践出发关注了城市发展质量。欧美城市群高质量发展的思想源于规划学和地理学领域，基于区域协调发展的目标，强调要运用科学的方法对城市群总体发展质量方面进行定量研究。纽约先后进行了 5 次城市规划，最新规划（2006—2030 年）提出要建设一个"更加绿色低碳""可持续发展""更加强大"的城市（群）。

---

[1] 转引自《城市化与城市发展战略》（杨立勋著，广东高等教育出版社，1999 年）。

[2] 转引自《城市化质量研究：理论框架与中国经验》（李琪著，中国经济出版社，2013 年）。

大伦敦政府使用关键绩效指标（key performance indicators，KPI）对城市发展水平进行测度。东京倡导"健康发展"理念，提升城市（群）发展质量。此外，新加坡、法国巴黎等也都从各个方面对城市群高质量发展提出了许多有建设性的指标体系，这里就不一一介绍了。表2-3是相关文献对构建"城市发展质量"评价指标体系的粗略统计。

表2-3 相关文献对构建"城市发展质量"评价指标体系的粗略统计

类别	作者/机构	指标体系构建	特点
理论界	稻本幸男（1960）	设置了城市的规模与区位、经济活跃度、人口增长和就业等5个指标维度	考虑产业集聚、人口流动和经济活跃度等因素的影响，从多维角度考察了城市经济的发展质量
	英克尔斯（1974）	基于城市现代化的视角，设置了人均GNP、农业产值的比重、一二产业比重、农业劳动力比重、居民受文化教育程度、大学生占比、人均医生比例、平均预期寿命、城镇化率、人口增长率、新生婴儿死亡率等11个指标维度	虽然关注了城市现代化的问题，但只是传统工业化对现代化的最低要求，并没有从根本上揭示现代化的统一解释基础。主要强调现代化的一些外部特征，没有考察内在特征
	联合国人居中心（2001）	设置了生产能力、公共基础设施建设、废物处理、健康和教育等5个指标维度	不仅关注了人口的集聚效应，还研究了人口的发展指标。考察了生产能力、基建工程、废物利用等因素对城市发展质量的影响

续表

类别	作者 / 机构	指标体系构建	特点
理论界	经合组织[1]（2002）	设置了寿命、生活健康状况、教育设施利用、文化程度、就业机会、工作生活质量、时间利用、收入、财富、住房条件、服务设施、环境公害、社会现象、危险事故、受到威胁等15维度的指标体系	基于人居生活质量的视角，以"人"为出发点，以"人"的生存与发展、所感受到的幸福为目标，关注城市的发展质量
	世界银行（1995）	设置了自然资源、人造资本[2]、人力资本、社会资本等4个指标维度	更多关注的是经济循环对城市经济质量的影响，没有考察城市发展的其他维度
城市规划部门	纽约[3]	从住房、公园、公交、棕地管理，以及水域、水源和能源等5个方面提升城市发展质量	
	伦敦[4]	包括生态与建设平衡、宜居城市、经济繁荣、社会融合、交通通达、城市吸引力等6大类，共25个核心指标	
	东京[5]	从科技创新、城市对外开放、改进公共基础设施等3个方面设计衡量城市发展质量的指标体系	
	新加坡、法国巴黎等[6]	将科技创新、绿色可持续和居民生活质量等作为考察城市发展质量的维度	

---

[1] 转引自《城市人居生活质量评价理论及方法研究》（毛大庆著，原子能出版社，2003年）。

[2] "人造资本"是相对"自然资本"而言的，是指由人类通过劳动创造出来的资本，具体包括基础设施、机械设备等固定资产，以及以证券投资、现金、货币等形式表现的经济资产。该资本可以被纳入生产函数之中。

[3] 转引自《纽约的全球城市发展战略与规划》（作者王兰，刘刚，邱松）一文，载于《国际城市规划》2015年第4期（第18—23页和33页）。

[4] Greater London Authority City Hall. The London Plan: Spatial Development Strategy for Greater London, July 2011[R]. London: Greater London Authority, 2011.

[5] 转引自《东京城市转型发展与规划应对》（作者王德，吴德刚，张冠增）一文，载于《国际城市规划》2013年第6期（第6—12页）。

[6] 转引自《全球城市2030产业规划导向、发展举措及对上海的战略启示》（作者黄苏萍，朱咏）一文，载于《城市规划学刊》2011年第5期（第11—18页）。

二、国内研究综述

为弄清楚国内关于"都市圈（城市群）高质量发展"的研究全貌，本书以"中国知网全文数据库"收录的期刊作为研究对象，运用 CiteSpace 软件进行计量分析，以期找到相关研究的时空分布特征及热点主题。为获得数据研究的样本，本书以 2022 年 8 月 20 日为时间节点，以"都市圈（城市群）"和"高质量发展"为主题词，并将期刊来源类型设置为"CSSCI"进行检索，在剔除无效数据后共检索出 290 篇论文。

（一）时空分布特征分析

1. 时间分布特征

透过各级各类期刊所发表的论文数量及其变动趋势，可以直接观测到学术界对某一领域的关注情况，图 2-2 为学术界关于"都市圈（城市群）高质量发展"的研究在各年度的发文分布情况。

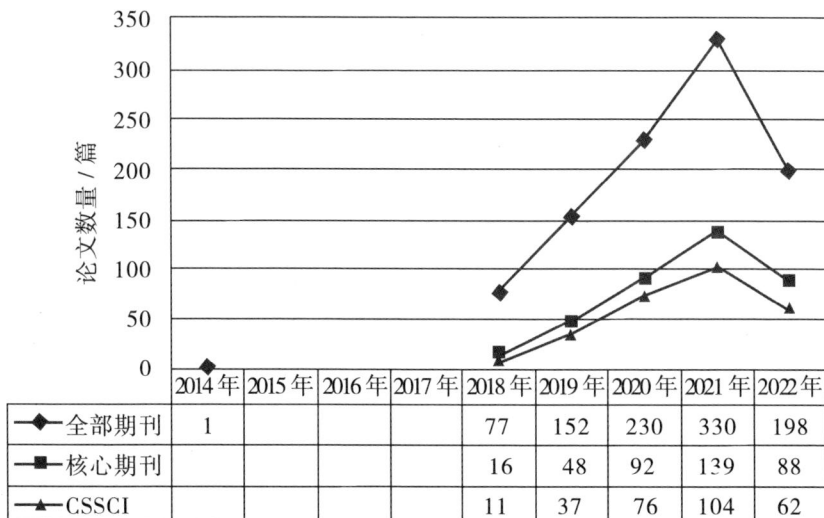

	2014 年	2015 年	2016 年	2017 年	2018 年	2019 年	2020 年	2021 年	2022 年
◆ 全部期刊	1				77	152	230	330	198
■ 核心期刊					16	48	92	139	88
▲ CSSCI					11	37	76	104	62

图 2-2　研究"都市圈高质量发展"的文献时间（2014—2022 年）分布图

根据"中国知网"的数据，发表在《全球化》2014 年第 3 期张茉楠的论文《积极打造中国高质量城镇化战略：全球主要国家城镇化轨迹的启示与对策》是检索到的研究"城镇化高质量发展"的最早论文；发表在

《南通大学学报·社会科学版》2018年第2期杨凤华的论文《长江三角洲城市群发展的阶段判定与路径优化》是检索到的研究"城市群高质量发展"的最早文献。张茉楠以全球视野，从产业分工、资源集聚和效率提升等三个角度，讨论了主要发达国家（主要是美国、日本和韩国）和部分发展中国家（以巴西为例）在城镇化进程中的经验与教训，强调要把都市圈（城市群）建设作为我国推进高质量城镇化战略的抓手，走"产城融合"的发展之路，同时要进行合理的功能分工。杨凤华以长三角城市群为研究对象，探讨了长三角城市群在一体化进程中所经历的三个发展阶段，强调要持续深化供给侧结构性改革，优化生产力布局并协同推进产业升级，推动城市群经济走"融合共生"的发展之路。从2014年出现第一篇论文后，学术界对城市（群）高质量发展的研究就有点停滞不前了，直到2017年习近平总书记在党的十九大上提出"高质量发展"之后。在2018年出现研究高潮，发文数量由2018年的77篇增长到2019年的152篇、2020年的230篇，再到2021年的330篇，截至2022年8月已经发表了198篇，预计在未来很长一段时间内，该研究主题都将会是持续的研究热点。

2.空间分布特征

为更清晰地观察"城市群高质量发展"的研究现状，下面从发文期刊、发文作者、研究机构、基金支持等方面就文献的空间特征展开分析。

一是研究成果的质量不断提高。根据"中国知网"的数据，发表在核心期刊上的论文由2018年16篇增加到2019年的48篇、2020年的92篇，再增加到2021年的139篇，2022年8月为止已经出刊的论文有88篇；核心期刊论文的占比由2018年的20.78%增长到2022年的44.44%，增长了113.86%。发表在CSSCI期刊上的论文由2018年的11篇增加到2019年的37篇和2020年的76篇，再增加到2021年的104篇，2022年8月为止已经出刊的论文有62篇；CSSCI期刊上论文的占比由2018年的14.29%增长到2020年的33.04%，并在此后两年均维持在31%左右的占比，保持相对稳定，年均增长率更是达到了119.19%（图2-3）。学术界对"城市群高质量发展"的研究热度不减。

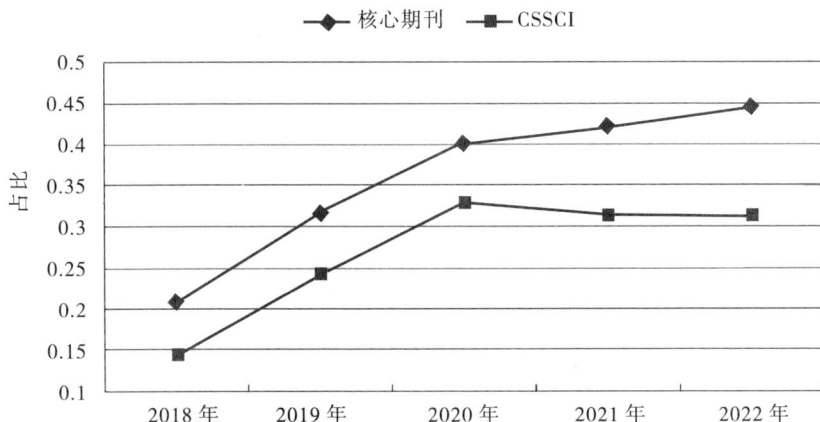

图 2-3 2018—2022 年核心期刊和 CSSIC 发文占全部期刊比重及其变动趋势

二是发文期刊、作者、机构的分布广泛。CSSCI 收录的 290 篇论文共涉及 127 种期刊、626 位作者（包括第二署名及以后的作者）、495 个署名单位（包括第二及以后署名单位）。就发文期刊而言，发文最多的刊物是《经济地理》，共发文 39 篇，占比 13.45%；发文数量在 5~9 篇的期刊共有 10 种（占比 7.87%），发表 2~4 篇的期刊有 50 种（占比近39.37%），有 66 种期刊发文数量为 1 篇（占比超过 51%）；从期刊学科分布上看，除了经济与管理类学科之外，还有很多其他社会科学类学科乃至工程技术类学科也在关注城市发展问题（详情见图 2-4）。就发文作者而言，发文最多的学者是孙久文（包括署名排在第二及以后的情况），共发表了 7 篇论文。其他发文比较多的是曾刚、任保平、方创琳、沈坤荣等人（详情见图 2-5）。就署名单位而言，以中国人民大学和西北大学为署名单位的发文机构最多，分别为 16 篇和 14 篇（有些论文的署名单位为同一机构下设的不同部门，这里按一个研究机构统计，如南京大学商学院、南京大学经济学院、南京大学产业经济研究院、南京大学长江三角洲经济社会发展研究中心等）。其他发文比较多的机构有南京大学、上海财经大学、河南大学等，此外中国科学院系统（包括中国科学院各研究所、中国科学院大学等）的发文也比较多（详情见图 2-6）。合作发表论文是一个趋势：有两位或两位以上作者的论文共有 222 篇，占比超过 76.55%（其中署名作者在 4 位及以上的论文共有 47 篇，占比超过 16.21%）；有两个或两个以上署名单位的论文共有 171 篇，占比为 58.97%（其中有 15 篇论文署名单位为 4 个以上）。此外，超过 7 成的论文研究受到各级各类基金的资助，这说明国家对"城市群高质量发展"的研究给予了巨大关注。发文的期刊、作者、机构的分布比较分散，这说明学者紧跟社会热点，积极为中国城市群高质量发展建言献策。

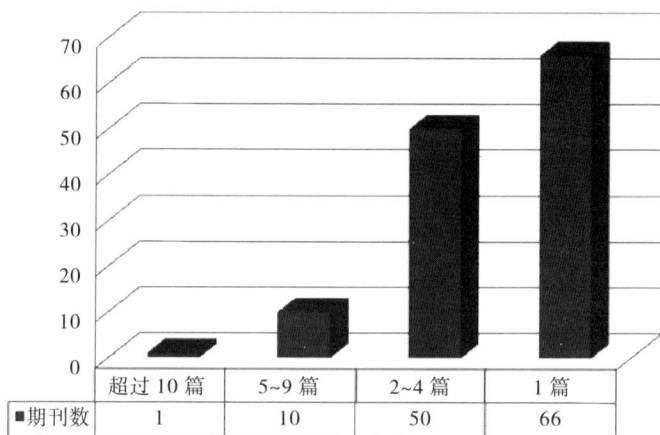

	超过 10 篇	5~9 篇	2~4 篇	1 篇
■期刊数	1	10	50	66

(a)

+ 经济与管理数　Ⅱ社会科学类　※工程科技类　≡其他

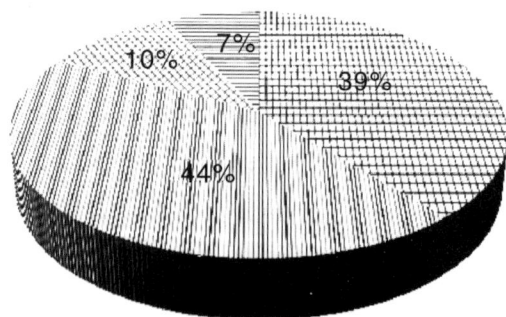

(b)

图 2-4　核心期刊发文及学科分布情况统计

(a) CSSCI 发文期刊情况　　(b) CSSCI 发文学科分布情况

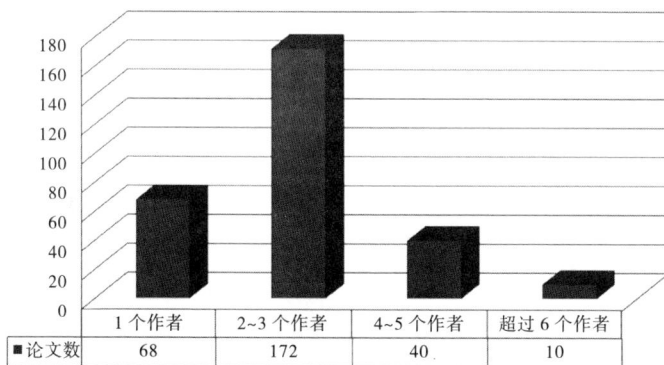

■论文数	68	172	40	10
	1 个作者	2~3 个作者	4~5 个作者	超过 6 个作者

(a)

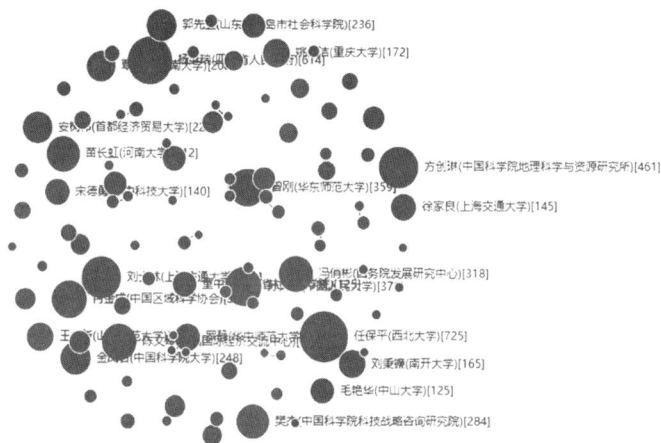

(b)

图 2-5 发文作者情况统计及发文作者合作网络

(a) CSSCI 发文作者情况 (b) CSSCI 发文作者合作网络分布情况

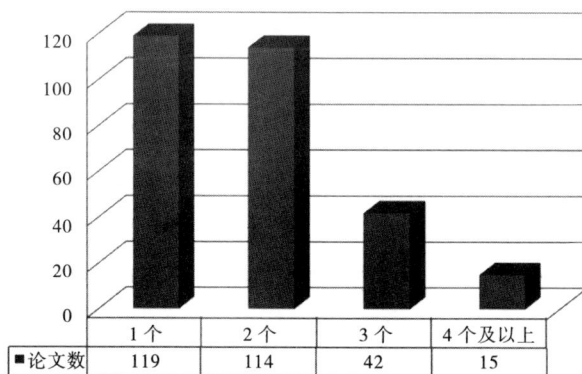

■论文数	119	114	42	15
	1 个	2 个	3 个	4 个及以上

图 2-6 发文机构发文情况统计

▨ 国家社科基金　⊢ 国家自科基金　⁄ 教育部　⊗ 其他　▤ 无资助

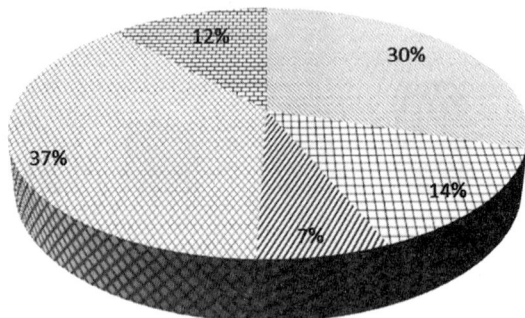

图 2-7　论文受资助的情况统计

（二）热点主题分析

"关键词"是对论文主旨的高度概况，研究关键词有助于发现论文研究的焦点，因为"关键词"不会重复出现，其出现的频率其实就表示所发表论文的数量。运用 CiteSpace 对关键词进行聚类统计（详情见表 2-4），并对相互关系做可视化展示后，归纳出学者们的关注点："高质量发展"的内涵、"高质量发展"的研究对象（如黄河流域、长三角、粤港澳大湾区、长江经济带等）、"高质量发展"的实现路径（如一体化、区域协调发展、协同发展、生态保护、新型城镇化等）。

表 2-4　"城市群高质量发展"研究的高频率关键词

排名	关键词	出现次数	出现频率	排名	关键词	出现次数	出现频率
1	高质量发展	111	38.28%	3	城市群	21	7.24%
2	长三角	24	8.28%	4	黄河流域	17	5.86%

续表

排名	关键词	出现次数	出现频率	排名	关键词	出现次数	出现频率
5	经济高质量发展	15	5.17%	13	协同发展	7	2.41%
6	创新驱动	14	4.83%	14	生态保护	5	1.72%
7	长三角城市群	10	3.45%	15	科技创新	5	1.72%
8	都市圈	10	3.45%	16	粤港澳大湾区	5	1.72%
9	长江经济带	9	3.10%	17	资源型城市	5	1.72%
10	中心城市	9	3.10%	18	珠三角	4	1.38%
11	区域协调发展	7	2.41%	19	环境约束	4	1.37%
12	新型城镇化	7	2.41%	20	珠江三角洲	3	1.03%

1. "都市圈（城市群）高质量发展"的内涵

政府主导下的中国城镇化（刘秉镰 等，2021）在取得了伟大成就的同时，也暴露出了一系列问题：区域协调发展（或协同发展）的问题、生态与环境保护的问题（分别被提及 14 次和 9 次），这些问题不断阻碍着城市的发展。传统的粗放式发展模式已经不能适应新时代城市发展的要求，"高质量发展"是考察城市发展质量的高级状态和最优形态（任保平 等，2018）。对于"城市群高质量发展"的内涵，有些学者从供给侧进行定义，也有些学者从需求侧进行定义。前者代表人物（机构）有金碚（2018）、张超等（2021）、张侠等（2021）和厉以宁（2017）、中国宏观经济研究院经济研究所课题组（2019）等。金碚把"高质量发展"定义为绿色发展，张超等（2021）认为就是可持续发展，张侠等（2021）将之看成经济发展方式的转变，中国宏观经济研究院经济研究所课题组（2019）指出"高质量发展"就是高质量的供给体系（包括供给的质量、效率以及稳定性）。后者代表人物有张涛（2020）、段进（2020）、吕薇（2019）等。张涛（2020）认为高质量发展是"满足人民日益增长的美好生活需要的发展"，段进（2020）强调要以"以人民为中心"实现城市空间与居民需求的协调，吕薇（2019）强调人民群众的生活质量以及所感受到的幸福感、获得感和安全感等。显然，前述学者都是基于狭义理解来定义"都市圈（城市群）高质量发展"的，广义理解的"高质量发展"是一个包容性概念（陈强 等，2012），其内涵应该是多维的。中国社会科学院《城镇化质量评估与提升路径研究》创新项目组（2013）认为城市发展质量应该是经济、生活、社会、环境、城市发展等多种情况的综合，胡晨沛等（2020）认为高质量发展应该包括三个方面：一要保持适当速度的经济增长；二要突出强调五大发展理念（即创新、协调、绿色、开放、共享）；三要满足人民对美好生活需要的满足。史丹（2019）将之定义为经济增长、资源环境可持续、均衡发展和社会公平等四个方面的统一。魏敏等（2018）认为"高质量发展"是高质量的城市建设、基础设施、公共服务、人居环境、城市管理和城镇化等六个方面的统一。刘华兵（2015）从"原始+现代"的发展理念考察"城市群高质量发展"的内涵，认为基于"原始"理念的高质量发展应该是优美舒适的自然环境、和谐共生的人文历史环境，基于"现代"理念的高质量发展应该是先进的城市建设理念、现代化的城市建设等。

2. 城市群高质量发展研究对象的空间分析

新时代中国经济发展的空间结构发生了深刻转变，城市作为承载经济高质量发展的主要空间组织形式，引导着资源和要素实现合理配置，推动区域经济的协调发展和合理布局。要研究高质量发展的城市，必须研究高质量发展的城市群。

从区域维度上看，学者们对城市群高质量发展的研究主要集中在长江流域（主要以长江三角洲地区为研究对象）、黄河流域（主要以中原城市群和京津冀都市圈为研究对象），分别被提及 43 次和 17 次。此外，粤港澳大湾区也是学者们研究比较多的经济区域，被提及 12 次。长江流域、黄河流域和粤港澳大湾区等地区是我国城市经济发展最为活跃的区域，因此也吸引了众多学者的关注目光。但东北地区和西部地区的城市群发展受到的关注度则显著不足。学者们对东北地区城市群发展的关注度下降主要是因为东北地区的经济发展近年来所面临的各种困境：一是因为东北地区是中国的重工业基地（如沈阳、长春等城市），长期的"低水平均衡陷阱"使企业转型升级缓慢（孙贺，2016）；二是因为东北有众多资源型城市（如鹤岗、双鸭山、抚顺、舒兰等城市），过于依赖资源型产业使得产业结构非常单一（栾天怡，2016）。学者们对西北地区城市群发展的关注度相对匮乏，主要是因为西部地区地广人稀，经济社会发展水平相对滞后，制约了城镇化的发展，城市数量相对偏少。在西北地区，只有陕西关中地区、兰州—西宁地区、宁夏沿黄地区等有少数城市群，其余地区就没有成规模的都市圈（城市群）。

从城市形态上看，学者们的关注点有两个：中心城市的高质量发展和资源型城市的转型发展。前者的代表人物有肖金成、邬晓霞、孟祥林等，后者的代表人物有刘可文、赵彪等。中心城市具有五个方面的优势（承载着大量的人口、集聚着巨量的经济、功能完善等）（邬晓霞 等，2020，2022）。肖金成等（2020）认为中心城市作为区域经济的重要增长极，其经济发展水平直接决定了城市群的发展质量，推进城市群高质量发展，必须做大做强中心城市。张国兴等（2020）以国家中心城市为研究对象，孟祥林（2022）以省会城市为研究对象，探讨了中心城市发展的问题。囿于资源诅咒和路径依赖的限制，资源型城市发展亟待转型发展（刘可文 等，2020），赵彪等（2020）认为"对内改革"和"对外开放"是资源型城市转型发展的两个方向：对内改革的关键在于优化营商环境，建设服务型政府；对外开放的关键在于融入区域经济区，通过融入区域经济区倒逼对内改革。不过在城市群发展过程中，学者们对中小城市尤其是小城镇的高质量发展的关注还是不够，但从城乡融合角度看，城市群高质量发展需要发展一批发展水平高的小城镇（汪增洋 等，2019；徐康宁，2013）。

3. 城市群（都市圈）高质量发展的驱动因素研究

城市群作为支撑国民经济空间网络的载体（李兰冰 等，2020），其发展水平的高低直接关乎"新发展理念"的落实（刘秉镰 等，2021）。在推进城市群经济高质量发展的动能选择上，"创新"是被学者们提及最多的词，共出现了19次。

改革开放以来，我国的城镇化取得了巨大成就，但以牺牲环境、公平为代价的发展模式也引发了很多问题。辜胜阻等（2012）指出城市的发展需要从"要素驱动"向"创新驱动"转变。洪银兴（2013）认为创新的众多类型中，科技创新是提高经济发展质量的核心。国内学术界对科技创新与经济高质量发展的关系讨论主要集中在以下几点：第一，科技创新能力提升促进地区经济增长（任义君，2008；李治国，2015）。学者们围绕作用机制做了大量实证研究，刘勇（2009）以广东为例，李正辉等（2011）以全国31个省区市（不包含港澳台地区）为例，探讨了科技创新的促进作用及其区域差异。第二，科技创新推动新兴产业与传统产业的迭代升级（刘永焕，2014）。除了关注科技进步与产业结构调整（李健 等，2011）、科技创新推动传统产业升级（程强 等，2015）外，很多学者还关注了科技创新与某一具体产业的关系，如郭新茹等（2014）关注科技创新与文化产业，江金波等（2014）关注科技创新与旅游业。第三，科技创新推动民生改善（雷家骕，2008；黄立新，2015）。胡学军（2008）从三个层面（宏观、中观和微观）阐述了科技创新如何影响民生，黄艳敏等（2014）关注了科技的益贫作用，认为面向困难群体的科技创新有助于脱贫解困的实现。

区域经济一体化理论告诉我们，城市群的发展需要实现由"行政区经济"向"区域经济"的转型（林其屏，2005）。这种转型并不依赖地理邻接、文化相近（陈建军 等，2019），而在于落实统一的区域政策、实现区域内资源和要素的共享、消除市场进入壁垒等（孔令刚 等，2019），形成开放、竞争、有序的一体化市场。城市群一体化进程除了市场机制的自组织作用外，政府政策和经济环境也同样发挥着重要作用（赵勇 等，2015）。政府政策的优化和经济环境的改善，必须通过强化组织和制度的创新，触发相关主体的学习能力和创新能力才能实现。田国强等（2015）、郝寿义（2017）分别论述了正式的和非正式的制度创新的积极作用。城市群是区域分工和空间合作的载体，城市群发展寻求"大市场、大整合、大突破"，使城市管理的边界不断延伸。推进城市群高质量发展不仅需要新的技术，更需要开明的管理模式和管理思维（即制度创新）作为保障（吕拉昌，1999）。在国家创新体系建设中，技术创新被认为是推动经济发展的第一动力，而制度创新被认为是前提条件（傅兆君 等，2013）。

除了关注创新驱动城市群高质量发展的巨大作用，驱动城市群高质量发展的动力机制还有：金融发展及资本配置效率（赵玉龙，2019）、交通通达性（王振华 等，2021）、数字经济（杨栋 等，2021）、城市群空间结构（李泽众 等，2020）等。赵玉龙认为，金融资源配置效率与城市群高质量发展显著正相关。王振华等认为，交通通达性有助于实现城市群高质量发展，但对城市群高质量发展的影响并不是线性的。杨栋等认为，工业数字化是各地实现经济高质量发展的可行做法。在城市空间结构上，李泽众等认为多中心结构更有利于城市群经济高质量发展，而单中心的影响会呈现"抑制—促进—再抑制"的倒"N"形特征。

4.都市圈（城市群）高质量发展的路径研究

以都市圈（城市群）为主体，我国当前已经形成了"两横三纵"[1]的城镇化发展格局，城市群的发展质量直接关乎整个国家高质量发展的实现。适应现代化后发赶超的要求，在城市群高质量发展的路径选择上，学者们的关注点集中在现代产业体系构建、城市功能分工、实施乡村振兴等多个方面。①现代产业体系的构建。构建现代化的产业体系是实现高质量发展的关键（师博，2020；关冠军，2018）。黄汉权（2018）认为发展实体

---

[1] "两横三纵"的城镇化格局是国务院在 2011 年 6 月发布的《全国主体功能区规划——构建高效、协调、可持续的国土空间开发格局》中提出的。两横是指陆桥通道、沿长江通道；"三纵"是指三条纵向发展轴，包括沿海、京哈京广、包昆通道。

经济是现代产业体系的根本出发点和着力点，但实体经济与科技、人才、金融等不协调，没有形成协同的发展格局。黄泰岩（2020）认为现代产业体系需要通过改造传统产业、发展战略性新兴产业和现代服务业等来实现，该产业体系内不仅包括技术领先的制造业，还包括高质量发展的农业和现代服务业。提到产业体系建设，侯杰等（2020）、魏后凯（2007，2013）等指出应该以区域内合理的产业分工为要点，这就要求各城市准确定位城市的功能，找到各自的比较优势。②城市功能分工。Frank van Oort 等（2010）认为各城市空间整合和功能整合直接关系到城市群高质量发展。如何实现城市功能分工，张若雪（2009）认为要基于技术和制度两个方面，丁如曦等（2020）主张从网络化角度推进，而姚常成等（2021）、马海涛等（2018）则强调要通过市场机制和政策引导来实现，一方面通过市场机制引导资源在城市间的合理流动（柴攀峰 等，2014），实现空间与产业的融合（公丕明 等，2020）；另一方面通过政府政策的引导打破行政壁垒以强化城市之间的联系（李博雅，2020），改变中国城市群发展固有的"等级化的关系"。马海涛等关注到了科研机构联动的作用，通过科研机构的联动促进技术在城市之间融合。③乡村振兴。城镇化的实质是城镇体系的建设，但城镇建设与乡村振兴并行不悖，绿色是乡村的根本，是城市的底色（王廉，2018）。如何推进乡村振兴，王兴国等（2020）主张构建现代农业产业体系（包括品牌农业、立体农业、生态旅游农业等），赵通等（2019）提出要推进城乡公共服务一体化，高建昆等（2018）指出要完善农业技术培训体系和进城务工人员的职业培训。此外，沈坤荣（2018）从"互联互通的基础设施网络""有效的合作机制""人才高度集聚"三个方面，王春晖等（2022）从"数字赋能""产业空间重构""高端要素汇集""生产性服务协同发展"等四个方面，陈雯等（2022）从"优化空间布局""重点领域协同发力"的角度，分别提出推进高质量发展的路径选择。

三、研究述评

研究国内外文献，在国外学术界虽然没有"城市群高质量发展"这个说法，但对"城市群高质量发展"的关注并没有停滞，国外学术界对该问题的研究起步早，研究成果丰硕，研究范式和研究方法成熟。相对而言，国内的研究成果虽然快速增长，但仍处于起步阶段，对"城市群高质量发展"的内涵、理论基础和评价体系还有待进一步深入，这是其一。其二，国内对城市发展质量的研究多，对都市圈（城市群）高质量发展的研究并不多，且基本以长三角、京津冀、粤港澳大湾区等为研究对象。其三，现有研究在政策建议方面更加强调市场逻辑，如减少政府干预、强调资源自由流动、改善市场环境等，对背后内在逻辑、现实约束等未做深入分析。

第三章　新发展理念下都市圈经济高质量发展的作用机理

第一节　都市圈经济高质量发展的理论基础

随着都市圈的产生与发展，都市圈研究由起步不断走向成熟，研究成果分布在经济学、社会学、地理学、生态学、规划学等各个学科领域。本节从区域经济一体化理论、区域非均衡增长理论、系统共生理论方面对都市圈经济高质量发展的理论基础进行梳理，拓展构建本研究的理论体系，指导都市圈的规划实践。

一、区域经济一体化理论

"经济一体化"概念，学术界公认是由荷兰经济学家丁伯根（J. Tinbergen）在 1954 年首次提出，此后经过巴拉萨（Balassa，1961）、平德（Pinder，1968）、柯森（Curson，1974）等人的工作，该概念趋于成熟并得到学术界的认同。巴拉萨的界定被认为是对"经济一体化"概念最好的注解，认为："一方面，两个独立的国民经济体之间，如果存在贸易关系就可以认为是经济一体化；另一方面，经济一体化又指各国经济之间的完全联合。……经济一体化既被定义为一个过程，又被定义为事物的一种状态。作为一个过程，它包含着旨在消除不同国家经济单位之间的歧视；作为事物的一种状态，它表示各国经济之间不存在各种形式的歧视。"[1]该定义将"经济一体化"的研究从"贸易一体化"拓展到"要素一体化"和"政策一体化"，也将"经济一体化"的研究由基于国家之间的联合拓展到基于"两个独立的经济体之间"的联合。区域经济一体化的理论及其核心观点汇总如表 3-1。

表 3-1　区域经济一体化的理论及其核心观点

主要理论		主要观点
贸易一体化	优惠贸易条约	古典学派经济学家对英葡《梅休因条约》（1703）和英法《科布登－谢瓦利埃条约》（1860）的关税互惠如何影响两国福利水平进行了研究，认为关税互惠既有积极的一面，也有消极的一面。虽然古典经济学家没有更深入分析贸易优惠的利弊，但为后来的区域一体化思想的形成奠定了思想基础。

[1] 约翰·伊特韦尔，默里·米尔盖特，彼得·纽曼. 新帕尔格雷夫经济学大辞典（第二卷：E-J）[M]. 陈岱孙，等译. 北京：经济科学出版社，1996：45.

续表

主要理论		主要观点
贸易一体化	关税同盟	李斯特（G. F. List，1885）认为关税同盟促进工业化的发展。 瓦伊纳（J. Viner，1950）认为关税同盟促进成员国之间实现自由贸易，同时非成员国实行差别待遇的贸易保护。瓦伊纳的《关税同盟》被认为是区域一体化理论形成的标志。 米德（J. E. Meade，1955）、约翰逊（H. G. Johnson，1965）、蒙代尔（R. A. Mundel，1964）、科登（W. M. Corden，1972）、巴拉萨（B. Balassa，1961）等人在瓦伊纳的分析框架下，分析了瓦伊纳所忽视的关税同盟的动态经济效应，如规模经济效应、竞争刺激效应、投资刺激效应等。
	自由贸易区理论	米德（J. E. Meade，1955）在关税同盟的基础上研究了自由贸易区，认为自贸区与关税同盟的不同之处在于会产生贸易偏转（trade deflection），即当自贸区成员自行决定关税税率时，因各方关税存在差异，非成员会利用成员间的关税差异，从税率低的成员方进口商品转手出口到税率高的成员方。他主张通过原产地规则规避这种贸易偏转现象的发生。 罗布森（P. Robson，1980）系统地分析了自贸区理论，阐述了自贸区区别于关税同盟的特征，指出自贸区也存在"贸易创造"和"贸易转移"效应，并构建了"南南模型"，为发展中国家的区域经济一体化发展提供有益借鉴。
要素一体化	最优货币区理论	在要素自由流动基础上，蒙代尔（R. A. Mundel，1961）提出了最优货币区理论，认为要素若能在某个区域实现自由流动，而在其他区域不能自由流动时，该区域就是"最优货币区"。在这个"最优货币区"内，可以降低交易成本、减少汇率波动的不确定性、节省外汇储备，进而在货币一体化基础上实现经济政策的一体化。 麦金农（R. Mckinnon，1963）、凯南（P. B. Kenen，1969）、英格拉姆（J. lngram，1969）、哈勃乐（G. V. Harbler，1970）和弗莱明（J. M. Fleming，1971）、托尔和威利特（E. Tower & T. Willett，1970）等人进一步修正和完善了"最优货币区"理论。

续表

主要理论		主要观点
要素一体化	要素市场一体化	关税同盟和自由贸易区理论都是从产品市场一体化的角度考察经济一体化的，米德（1955）所提出的"共同市场"理论认为经济一体化还应该包括生产要素市场的一体化。 伍顿（I. Wooton, 1988）在西托夫斯基（T. Scitovsky, 1958）和德纽（J. F. Deniau, 1960）理论的基础上提出了"金融共同市场"的设想，通过"金融共同市场"实现资本等要素从低边际生产力向高边际生产力的自由流动，以提高资源配置的效率。 从现有文献看，经济一体化分析要么围绕产品市场一体化展开，要么围绕要素市场一体化展开，探求产品市场和要素市场相互影响的经济一体化成果还比较少见。
政策一体化		政策一体化是在最优货币区理论基础上产生的，托尔和威利特（1970）认为一个调节机制不完善的通货区内，一个不能容忍失业的国家是难以和一个不能容忍通货膨胀的国家相处的，因此确定"最优货币区"的标准是政策一体化。 罗布森（P. Robson, 1980）认为政策的差异会对资源配置带来负面影响，主张在产业政策、货币政策、社会政策上实现统一。

二、区域非均衡增长理论

"经济一体化"是一种平衡增长理论，强调区域经济的均衡发展，"把各个部分结为一个整体"[1]。该理论是建立在"完全竞争"和生产力高度发达的基础上的：首先，经济上、法律上和社会上的各种障碍使要素不能跨区域自由流动，完全竞争的条件并不能满足；其次，无法用它来解释发展中国家的二元经济结构；最后，建立在高度发达的生产力基础上才是区域经济一体化发展的根本原因。赫希曼（1958）正是基于"大推进"（the

---

[1] 约翰·伊特韦尔，默里·米尔盖特，彼得·纽曼. 新帕尔格雷夫经济学大辞典（第1卷：E-J）[M]. 陈岱孙，等译. 北京：经济科学出版社，1996：45.

theory of the big-push）的平衡增长所存在的缺陷提出了"非平衡增长"
（unbalanced growth）理论，认为"大推进"所需的大量资源正是发展中
国家所紧缺的，对于经济落后地区来说，需要依据不平衡发展规律，推行
有重点、差异化发展，而不是平均使用力量。区域非均衡增长的理论及其
核心观点见表 3-2。

表 3-2　区域非均衡增长的理论及其核心观点

主要理论	核心观点
循环和累积因果原理	缪尔达尔（1957）认为在循环和累积因果（the principle of circular cumulative causation）作用下，发达区域和不发达区域之间的经济关系存在两种效应："扩散效应"和"回波效应"。 前者通过经济中心区向周边区域转移产业、扩散资本、人才和技术等要素，推动周边区域的发展，进而缩小地区差距。 后者通过中心地区向周边区域引入人口、资本等要素而降低周边地区的经济发展水平，进而扩大了地区差距。
	赫希曼（A. O. Hirshman, 1958）提出"极化效应"和"涓滴效应"的概念，其中"极化效应"等同于"回波效应"，"涓滴效应"等同于"扩散效应"认为在经济发展的初期，极化效应占主导，会使地区差距逐渐拉大。 在经济发展到成熟阶段，"涓滴效应"会占据主导地区，地区差距会逐渐缩小。
	卡尔多（N. Kaldor, 1970）在继承"缪尔达尔－赫希曼模式"的基础上提出了"相对效率工资"概念，用于解释区域工业发展不平衡产生的根源。"相对效率工资"是指货币工资增长率与生产率增长率之比。 在繁荣地区，在规模报酬递增的作用下，较高的生产率会降低效率工资，效率工资的下降又刺激经济增长，经济增长反过来又降低效率工资，如此累积循环促使繁荣地区更加繁荣；反之，使落后地区更加落后。

续表

主要理论	核心观点
循环和累积因果原理	费农（R. W. Vernon, 1966）认为经济的兴衰取决于产业的兴衰及其转移，产业结构的更新是区域经济由低梯度向高梯度[1]演进的根本动力。 在经济发达地区，极化效应促使生产向高梯度区域集中，遏制低梯度区域的经济发展，从而造成两极分化。
	在区域经济非均衡发展过程中应发挥政府的干预作用，否则在市场机制的作用下，区域差异会越来越大。
创新理论	熊彼特（J. A. Schumpeter, 1912）把创新作为一种新要素引入生产体系，探讨了技术进步与经济发展的关系，认为技术进步和具有创新精神的企业家是诱致经济发展的主要因素。熊彼特认为创新活动是不均匀的，在创新高潮到来时经济会快速增长，当创新活动陷入低潮时经济增长会放缓。 在创新活动活跃的地区经济增长较快，随着其他地区的技术引进和模仿，全社会的创新活动出现均衡态势。 当创新活动再次活跃起来时，再次推动经济快速增长。 创新波动引起繁荣和衰退交替出现，使经济增长呈现出"创新—模仿—均衡—再创新—再模仿—再均衡"的螺旋式变化过程。

---

[1] 经济梯度（economic gradients）是指地区经济发展水平、经济实力上的差距。该理论是由克鲁默（G. Krumme）、海特（R. Hayter）等人在赫克曼（A. O. Hirschman）和威廉姆森（J. G. Williamson）的不平衡发展理论和费农的工业生产生命循环阶段理论等基础上创立的。我国在改革开放中引入了梯度理论等不平衡发展理论指导区域划分及区域经济的发展。

续表

主要理论	核心观点
增长极理论	"增长极"这一概念是由法国经济地理学家佩鲁（F. Perroux, 1950）提出的，该理论被认为是区域经济理论的基石。 佩鲁认为任何国家都不可能实现平衡增长，经济增长都是通过一个或数个"增长极"向其他地区传导而实现的，所以培育特定区域的增长极是经济发展的关键。 该理论被布代维尔（J. B. Boudeville, 1957）引入区域经济研究之中，将增长极由经济空间扩展到地理空间。后经过弗里德曼（Friedman, 1966）、缪尔达尔（1957）、赫希曼（1958）的发展，已经成为区域经济研究的流行观点。
	萨伦巴、马利士将"增长极"理论和"梯度转移"理论结合，提出了"点－轴开发"理论。"点"即为增长极，经济发展的过程就是作为"点"的中心城市沿着交通线这个"轴"向周边地区（特别是不发达地区）推移的过程。
	普雷维什（R. Prebisch, 1949）在研究发达国家和发展中国家的关系时提出了"中心－外围"理论。这一理论后被弗里德曼（1966）发展为研究一个区域内中心与外围的二元结构问题。 该理论认为以大城市为核心的都市圈，就是通过中心城市的发展带动周围城市的发展而产生的。
	克里斯泰勒（W. Christaller, 1933）和廖什（A. Losch, 1940）提出的"中心地理论"，认为行政区划、市场经济和交通网络导致了城市群的出现并使城市等级化，指出不同等级的城市具有不同的功能，层次高的中心城市拥有较低层次的城市的全部职能。
倒"U"形理论	源自库兹涅茨倒"U"形假说，该假说认为地区经济不平衡随着经济发展会逐渐增强，但当经济发展到一定水平后，这种差距就会缩小。 威廉姆森（Williamson, 1965）认为有四种因素在发挥作用：劳动力的迁徙、区域间的交互作用、资金的流动、区域经济政策的实施等。

三、系统共生理论

系统论是源自生物学的术语，奥地利裔美国学者贝塔郎菲（L. von Berttalanffy，1952）被认为是系统论的创始人。贝塔郎菲将系统论从一种思想上升为一门独立的学科，认为系统论是"探索整体和整体性"的科学，认为由不同要素组成的系统会因结构、性质和功能的差异而包含或潜伏着许多矛盾。这些矛盾的解决，需要将系统理论与共生理论融合起来。共生（symbiosis）最初也是生物学术语，由德国学者德贝里（Anton de Bary，1879）提出，意思为不同种群的各种生物按照物质联系密切生活在一起（living together），强调生物体之间存在的某种具有永久性物质联系。随着对"共生理论"研究的深入，"共生"理念逐渐由生物学领域渗透到其他学科领域，如经济学、管理学、医学、心理学、政治学等。随着现代社会经济联系的加深，社会系统中的人与自然的关系越来越紧密，此时人与人之间、人与物之间、人与环境之间形成了紧密联系的、相互依存的共同体。这为使用共生理论解释社会经济发展提供了理论条件。我国学者袁纯清等（1998）运用共生理论研究小型经济时，给"共生"下了一个为国内外学术界比较认同的定义："共生不仅是一种生物现象，也是一种社会现象；共生不仅是一种自然现象，也是一种可塑状态；共生不仅是一种生物识别机制，也是一种社会研究方法"。

在引入经济学研究后产生了很多共生的概念：①产业共生，胡晓鹏（2008）将之界定为两重含义。第一重含义是指同类产业不同价值模块或不同产业但具有某种经济联系的业务模块之间，基于某种差异性而形成的融合、互动、协调等关系；第二重含义是指同类产业或其相似的产业业务模块，基于某种同质性而形成的融合、互动、协调的发展状态。产业共生是科技进步与政府放松规制的必然产物（植草益，2001）。②共生城市（symbiosis city），最早出现在瑞典生态城市建设中（瑞典 SWECO 集团，2005），强调在城市规划中要发掘和利用好城市各子系统间的协同性。黑川纪章（2001）认为共生城市就是用共生理念替代合理主义，超越城市与自然、人类与自然的二元论，实现新建城市或旧城改造达到经济与生态等的和谐统一。③共生管理，霍肯（P. Hawken，1994）利用"共生"理念探讨商业活动与环境的相互关系，强调企业之间（包括竞争对手之间）通过合作求得双赢，以争取更为有利的发展机会。卡特（Carter，1972）认为城市是自然、社会、经济与文化等多方面的复合体，纵向上表现为多重嵌套关系，横向上表现为多维度的相互影响与作用，需要发挥政府、市场、民间和经济体四位一体的合作机制，以实现要素自由流动与合理配置（朱俊成，2010）。

第二节　都市圈经济高质量发展的动力机制

一、人力资本

20世纪80年代中期以来，随着内生增长理论的产生与发展，经济增长从"重物"向"重人"转变，更加强调人力资本的作用。其实这一理念，早在亚当·斯密时期就已经提出了相似的概念："社会上一切人民学到的有用才能"，"无论是对他个人还是他所在的社会都是财产的重要组成部分"。李斯特进一步将资本区分为"物质资本"和"精神资本"，前者是物质财富的积累，而后者是人类智力成果的积累。这些理论已经初步呈现了"人力资本"思想的雏形。对"人力资本"概念的形成有重要影响的是欧文·费雪（Irving Fisher），他在1906年发表的《资本的性质和收入》一书中首提"人力资本"的概念，并将之纳入经济分析中。但由于该思想不具有主流地位且不符合当时市场发展情况，该理念的提出并未得到重视。现代人力资本理论开始于20世纪五六十年代，西奥多·威廉·舒尔茨（T. W. Schults）的《人力资本投资》（1960）被认为是人力资本理论形成的标志。

此后，经过贝克尔（G. S. Becker，1964）、明塞（J. Mincer，1958）、斯宾塞（M. Spence，1974）、罗默（P. M. Romer，1986）、卢卡斯（R. E. Lucas，1988）等人的努力，人力资本理论不断得到丰富和完善。

人力资本是最重要的生产要素，也是稀缺的生产要素。"所有资本中最有价值的是对人本身的投资"[1]，"对知识的投资会获得最高利息"[2]，马歇尔（1890）认为知识是生产的"最有力的发动机"。德国前总理科尔说："受过良好教育培训的熟练工人是我们最宝贵的财富，也是经济稳定的保证。"首先，从人力资本与自然资源的关系上看，人力资本的发展促进自然资源的供给。在一定程度上讲，一部人类文明进化史就是各种新资源被发现的历史和既有资源被有效利用的历史，一方面满足人们生产和生活所需的各种自然资源的有效供给都是建立在对自然及自然资源不断深化的认识之上的，另一方面基于人力资本的科学技术进步既可以提高对自然资源的利用效率，也可以开发出那些目前被认为品位低、难度大的资源。各国的实践也印证了人力资本推动自然资源的发展，因此有理由对未来自然资源供给保持乐观。其次，从人力资本的根本价值属性上看，人力资本（尤其是异质性人力资本）具有边际收益递增的生产力属性。人力资本是众多资本形态中唯一具有能动性的因素，表现为知识和技术的创新能力，在产权明晰的情况下人力资本可以转化为现实生产力，人力资本所有者（特别是企业家型人力资本）凭借所拥有的经营管理能力也可以最大限度地发挥物力资本的作用。因此，对人力资本的使用实际上就是引入了一个优越的新生产函数，通过该生产函数实现生产要素和生产条件的重新组合。最后，从人力资本所具有的外部经济特征来看，在劳动力市场竞合作用下，劳动者的知识共享、相互学习会在加总意义上产生社会回报，即一个人能从其他人的人力资本水平的提高中获得收益。这种收益可以是经济收益，如收入的提高。Broersma 等（2016）研究发现高人力资本所有者对商品和

---

[1] 马歇尔. 经济学原理（上卷）[M]. 朱志泰，译. 北京：商务印书馆，1964：229-233.

[2] 加里·贝克尔. 人力资本 [M]. 梁晓民，译. 北京：北京大学出版社，1987：79.

服务的需求不仅数量多而且多样，企业为适应这种要求会扩大生产，从而创造更多就业机会，使得该区域的劳动者获得更多收入。这种收益也可以是非经济收益，如犯罪率的下降。贝克尔（1964）对比了美国黑人家庭和白人家庭的人力资本投资后，发现在黑人社区犯罪率居高不下（枪支买卖、贩毒、卖淫等），而白人社区这样的犯罪较少，这和黑人子女辍学率高、白人接受了良好教育高度相关。

二、创新驱动

学术界一般认为最早提出"创新"概念的是美籍奥地利学者熊彼特，熊彼特用创新解释了资本主义发展变化规律。但事实上早在 18 世纪中叶，马克思就已经观察到了创新的重要意义，在《1844 年经济学哲学手稿》里记录了以蒸汽机为代表的技术创新、以流体力学为代表的科学创新、从手工作坊到机器大生产转变的制度创新等。尽管熊彼特在 20 世纪初就已经提出了创新理论，但并未引起主流经济学的重视。创新研究在 20 世纪 50 年代后产生了两个演化分支：技术创新理论和制度创新理论。前者以曼斯菲尔德（E. Mansfield，1968）、卡曼和施瓦茨（M. I. Kamien & N. Schwartz，1976）、弗里曼（C. Freeman，1982）、多西（G. Dosi，1982）和斯通曼（P. Stoneman，1983）为代表，将创新与微观经济理论结合起来，从技术变革与扩散等方面阐释经济增长的源泉。后者以科斯（R. H. Coase，1937）、威廉姆森（O. E. Williamson，1977）、舒尔茨（T. W. Schultz）、拉坦（V. W. Ruttan，1978）、张五常（1969）等人为代表，研究制度创新对经济增长的作用。

（一）技术创新

对于什么是技术创新，理论界莫衷一是，尚无定论。曼斯菲尔德（1968）将之称为一种探索性活动，伊诺思（J. I. Enos，1962）将之看成多种行为的综合，美国科学基金会（1976）将之定义为"将新的或改进的产品、过程或服务引入市场"的行为。索洛（Solo，1951）认为技术创新有两个要件：

新思想的来源和以后阶段的实现发展。一般来说，技术创新驱动经济高质量发展有四条路径：

其一，实体经济与技术创新的融合。师博（2020）认为创新会沿着"研发→科技成果转化→知识产权交易"的链条，促进产业结构的优化与升级（冯飞 等，2013）。金碚（2019）认为实体经济会沿着"科学发现→技术发明→产品研发→生产供应"的逻辑发展[1]。创新需要实体经济实现科技成果转化，实体经济需要技术创新满足市场的生产与供应。因此，通过技术创新与实体经济的融合，一方面将技术成果直接转化为现实生产力，为实体经济创造新空间；另一方面通过科技的渗透作用放大各生产要素的生产力，为实体经济创造新增量，从而使生产力的整体水平得到提高。

其二，传统要素与新型要素的融合。经济发展是要素投入质的提升和量的增加共同作用的结果，在要素投入量的增速减缓的情况下，以及在边际报酬递减规律的作用下，经济增长仅仅依靠量的投入是不可能的。在技术创新的影响下，通过要素升级改变生产可能性曲线的边界，就可以实现更高水平的经济增长。要素升级依赖于传统要素和新型要素的融合，新型要素（如数智要素）一方面催生新业态（如云计算、区块链、5G技术等），另一方面为传统要素"赋智"，提高传统要素的利用效率。

其三，产品创新与服务创新的融合。当前，企业经营环境所面临的约束不断强化，消费者对产品和服务的创新不断提出新要求，制造业正经历从"生产型制造"向"服务型制造"[2]的转型（孙林岩 等，2007），单纯制造过程已经不能再增加多少附加值，研发、采购、储存、物流、营销、服务、技术支持等都可以成为附加值的来源。一方面，企业要从生产型制造企业向服务型制造企业转变，像IBM、罗尔斯－罗伊斯等制造业巨头，服务业收入占比甚至超过50%。另一方面，产业要从生产型制造转向服务

[1] 这是金碚在《中国经营报》主办的2019 "超越想象"创新大会上，以"以科技创新实现实体经济的再次振兴"为题目所做的演讲中提出的观点。

[2] 服务型制造是一种先进的制造模式创新，强调通过产品创新与服务创新的融合，让客户全程参与产品制造、为客户提供产品服务系统。

型制造，这种转型在航空工业、汽车制造业的表现最为显著。当然，在这个过程中要求越来越多的工人进入与服务有关的岗位。在二者融合过程中，生产出满足消费者需求的新产品，提供令消费者满意的新服务，推动消费升级。

其四，技术创新与公共服务的融合。提供优质公共服务是政府的基本职责，特别是要将基本公共服务资源覆盖到稀缺地区（陈人江，2020）。孙宇（2018）主张用"互联网+"技术，互联网技术是一种"使能性技术"[1]：一方面实现部门间数据共享，让居民和企业"少跑腿、办好事、不添堵"[2]，另一方面实现公共服务由"政府在哪里"向"需求在哪里"的转变，由经济基准走向社会基准，提高公共服务的质量，建设"人民满意的服务型政府"。

（二）有效的制度创新

什么是制度创新（institutional innovation）？诺斯（D. C. North，1990）认为是对现存制度安排的变革，目的在于获得追加利益，这种变革可能是根本性制度变革（如革命），也可能是在根本制度不变下具体制度的转化，具体包括产权制度、组织制度、管理制度和约束制度等方面的创新（卢现祥，2003）。制度创新不同于制度变迁（institutional change），前者是指突破现有制度安排，是制度变迁的开始，后者是指连续性的制度创新过程。制度创新驱动经济高质量发展的作用机理一般可以归结为三点：

其一，降低交易成本。"交易成本"一词是由科斯于1937年在《企业的性质》一文中提出的，指的是为达成某项交易所需花费的各种成本，这个成本可以是货币成本，也可以是非货币成本（如时间成本等）。交易

---

[1] 使能性技术是一种介于基础研究和产品研发之间的技术，是指一项或一系列跨学科的、应用范围广的且为了完成任务的技术。使能性技术会推动创新链条下游的产品开发、产业化等的实现。

成本的存在会降低市场机制运行的效率。交易成本理论认为，各种制度安排、契约形式的存在和选择都是为了协调利益冲突，减少因利益冲突而引发的交易成本，从而提高社会产出。但由于制度运行本身也存在交易成本的问题，所谓有效的制度安排就是要求我们选择一个交易成本较低的制度，以降低市场交易成本。当一项制度不能很好地降低交易成本时，就需要通过制度创新降低交易成本。产权制度是对经济增长影响最大的制度，通过构建合理的产权制度，不仅能降低交易成本，还可以促进技术创新，前者提高经济运行的效率，后者提高企业的生产效率。杨悦（2004）指出在正式制度不能解决诸如道德风险、机会主义倾向等问题时，就要充分发挥非正式制度（文化、意识形态等）的作用来降低交易成本。

其二，促进相互合作。传统经济学是建立在市场主体之间的竞争关系的基础上的，从而忽略了其相互合作。制度实际上是在分工与协作中各市场主体之间博弈的结果，阿尔钦和德姆塞茨（A. A. Alchian & H. Demsetz，1972）在研究团队生产时指出，要素所有者因为通过专业化协作可以提高生产率，从而产生相互合作的需求。都市圈内各城市之间的合作也可以被看成一个团队，有效的制度安排促进区域经济合作：首先，会将潜在的利益可能性曲线外推，提高人们的未来收入流，或产生未来收入提高的预期；其次，会取得区域规模经济效应，推动技术创新和传播；最后，降低外部性风险与交易成本等阻碍自身发展的因素，防止作茧自缚。总之，有效的制度安排不断拓展区域生存与发展的空间。

其三，引导主体行为。就制度实施方式而言，制度包括诱导性制度和强制性制度。诱导性制度是指通过影响人们的获利机会而形成的制度，表现为激励性制度。一个有效的制度安排，应该明确界定市场主体获取与其努力相称的收益的权利。一般来说，报酬与个体努力越接近，制度的激励作用就越大，反之就越无效。如前文提到的"产权制度"，在明确了产权主体的利益边界和责任界限后，产权制度的激励作用会鼓励市场主体谋求自身利益最大化，且产权的持久性会诱导市场主体追求长远利益，从而有利于资源保护和充分利用。强制性制度是政府利用行政权力和立法手段等外在强制力实施的制度，表现为约束性制度。产权制度明确了权利与义务的边界，在产生激励作用的同时也产生约束功能，一方面表现为投资者对法人的条件约束，另一方面表现为约束法人的冒险行为。这协调了各方面的利益关系，从而建立了促进财富增长的经济秩序。

通过合理的制度安排，推动资源有效配置和合理流动，最终促进经济高质量发展的实现。

三、高水平对外开放

党的十九届五中全会做出了"十四五"时期实行"高水平对外开放"的伟大部署。对于什么是"高水平对外开放"，十九届五中全会报告的要求是"更大范围、更宽领域、更深层次"。"更大范围"表现在既要面向发达国家开放，也要面向发展中国家开放，积极推进区域合作、参与区域一体化进程；"更宽领域"意味着不仅继续在制造业领域开放，还要扩大至服务业开放；"更深层次"不仅是指要素型开放，还包括制度型开放。魏建国认为"高水平对外开放"应包括三个方面的含义：一是打造全球最佳营商环境，二是保护知识产权，三是开放的理念、体制和机制要对标国际最佳。郭周明（2019）也将"高水平对外开放"的内涵界定为三个方面：一是速度上要以"稳"为目标，以平稳的贸易和投资作为支撑；二是质量上向国际一流看齐，突破国际价值链分工上的"低端锁定"困境；三是方向上要向进口和对外投资拓展。范恒山将之概况为"深""活""惠""补"四个字。其中，"深"强调在深化要素流动型开放的同时稳步拓展制度型开放，深化对外开放的新体制；"活"要求积极参与全球治理体系的改革和建设，以更灵活的方式深化国际合作；"惠"重视互惠互利，照顾彼此的核心利益关切；"补"意指通过开放合作补短板、强弱项，把开放合作与自主自立有机结合。

（1）以高水平开放带动全面深化改革。在全面深化改革的复杂程度、敏感程度和艰巨程度不断加大的背景下，以开放促改革、以高水平开放倒逼全面深化改革的时代特征非常突出。首先，以高水平开放促进要素市场化改革，打通中国社会主义市场经济体制改革堵点（吴兆春，2020），通过制度型开放打破各种有形或无形的壁垒，让要素流动起来。其次，在规则对接中消除建设法治化、便利化营商环境的痛点，通过参与更高层次的国际市场竞争与合作，吸收借鉴发达市场经济运行成熟的和有益成果。最后，在开放中化解市场监管体制创新的难点，建设高水平的市场监管体制是国家治理体系现代化的标志，通过引入国际市场监管的先进经验，打破市场监管体制原有的利益固化。

（2）以高水平开放加快形成新发展格局。受外部市场趋于饱和、国际贸易保护主义兴起等因素的影响，"两头在外"的国际大循环驱动经济增长的能力显著下降，习近平总书记提出要"加快构建以国内大循环为主体、国内国际双循环相互促进的新发展格局"[1]。在畅通国内大循环的基础上，推进高水平对外开放，引入国际资源和要素，培育更多的经济增长点。首先，逐步下调关税和不断扩大商品进口，一方面促进了内需活力的释放，缓解新时代中国经济发展的主要矛盾，另一方面节约国内能源等要素的使用，缓解国内经济发展所面临的资源与环境压力。其次，高水平的对外开放将进一步提升中国企业和产业的国际竞争力，通过引入国际竞争，有利于培育出在技术创新中发挥主体作用的优秀企业。最后，全面参与国际经济体系变革和规则制定，增强我国在国际经贸规则和标准制定中的话语权。

---

[1] "双循环发展格局"是习近平总书记在2020年全国两会期间参加经济界全国政协委员联组会时首次提出的，并在随后召开的企业家座谈会上再次阐述了"双循环"的思想。"双循环发展格局"要求以国内大循环为主，国内国际双循环相互促进：强调国内大循环，是要牢牢把握发展的主动权，把满足国内需求作为出发点和落脚点，解决好我国现阶段所面临的主要矛盾；强调国内国际双循环，就是要把高质量开放作为对内深化改革、破除利益藩篱的重要抓手。

四、消费升级

消费升级又称消费结构升级，是指居民消费结构的不断优化，由低层次向高层次演进的过程。经过改革开放 40 多年的发展，我国居民生活经历了从计划经济时期的"限制消费"到双轨制下"调节消费"，再到市场经济时期的"促进消费"的转变，现在已经进入"大规模消费社会"[1] 阶段，要"全面促进消费，增强消费对经济发展的基础性作用"。为指导居民消费健康发展，国家发展和改革委员会等 23 个部门联合印发《关于促进消费扩容提质 加快形成强大国内市场的实施意见》，从市场供给、消费升级、消费网络、消费生态、消费能力、消费环境 6 个方面促进消费的"量"的扩大和"质"的提升。

消费业已成为我国经济平稳运行的"顶梁柱"和"压舱石"，2021 年我国社会消费品零售总额为 440823 亿元，消费拉动经济增长约 5.3 个百分点，对 GDP 的贡献率为 65.4%，高于投资和对外贸易。消费升级将是我国经济实现高质量发展的"助推器"（蔡恩泽，2019）。我国居民的消费已经由"生存型消费"向"发展型消费"升级、由"物质型消费"向"服务型消费"升级、由"传统消费"向"新型消费"升级[2]，推进中国经济高质量发展，要以消费升级为导向，"把提高供给体系质量作为主攻方向"[3]。首先，要大力推进"去产能""去库存"，通过淘汰落后产能

---

[1] 美国学者卡恩和维纳（Herman Kahn & Anthony J. Wiener，1967）在《公元 2000 年：推测今后三十三年的格局》一书中，以人均收入的标准将人类社会划分为 5 个阶段：前工业社会（50~200 美元）、局部工业社会（200~600 美元）、工业社会（600~1500 美元）、大规模消费社会或先进工业社会（1500~4000 美元）、后工业社会（4000~20000 美元）。以购买力平价折算，我国在 2005 年就已经进入大规模消费社会了。此外按罗斯托经济成长阶段理论，我国经济整体事实上已经进入"高额群众消费阶段"。

[2] 匡贤明. 我国消费结构升级：生存型消费转向服务性消费 [EB/OL].（2015-04-04）[2022-02-27]. http://finance.china.com.cn/consume/zcsxc/20150404/3041158.shtml.

[3] 赵昌文. 把提高供给体系质量作为主攻方向 [N]. 经济日报，2021-03-20（1）.

并改造传统产业，为新产业发展腾挪空间和资源；其次，以新消费引领新兴产业，积极开发引领未来的新产品，同时培育高端消费产业；最后，深化供给侧结构性改革，有效化解当前供需结构失衡与错配的矛盾。构建连接绿色生产和绿色生活的绿色消费体系，加快绿色消费转型：一方面通过市场机制的作用传导到生产系统，影响企业在产品与服务的开发、生产工艺的提升、商品流通方式的变化等，另一方面是开辟消费者表达环境诉求、参与环境治理的途径。

第四章　新发展理念下南京都市圈经济高质量发展的现状分析

都市圈是城镇组团化发展到一定阶段后城镇化的空间组织形态，是我国新型城镇化的主体形态。在新发展格局下，实现都市圈经济高质量发展对构建全国经济新的增长点、协调区域经济实现一体化发展具有十分重要的战略意义。作为我国最早启动建设的都市圈、发展规划最早获得国家正式批复的都市圈，南京都市圈经济高质量发展将为全国都市圈的一体化发展提供有借鉴意义的发展样板。

第一节　高质量发展理念下南京都市圈的历史演变

一、都市圈产生的理论基础

当一个区域因城镇化的发展而出现一定数量城市的聚集并且这些城镇渐趋规模时，随着交通、通信等基础设施的完善，推动生产要素和产品在各城市之间加速流动，这就为都市圈的形成奠定了坚实的基础。

（一）城镇产生的基本条件

适合的地理区位、良好的地形条件、便捷的交通条件、丰盈的物产资源、靠近水源地是从聚落发展到城镇的条件，这些条件也是今天城市发展的基础。

1. 适合的地理区位

纵观国内外城镇选址，凡长期延续的城市一般具有良好的区位条件。大致看来，区位影响城市主要有三种类型：一是中心地类型，即该城市的地理位置优越，位于较大区域的中心部位。国内的城市如合肥（毛主席说"为皖之中"）、西安（位于关中平原的中心）、郑州（位于中原经济区的中心）等，国外的城市如巴黎（位于巴黎盆地的中央）、首尔（位于朝鲜半岛的中心）等。二是接触地带类型，即城市位于两种地貌的接触地带。国内的城市如重庆（位于青藏高原和长江中下游平原的过渡地带）、安庆（北靠大别山，南依长江下游平原）等，国外的城市如洛杉矶（三面靠山，一面临海）、奥斯陆（面对大海，背靠山峦）等。三是运输节点类型，即处于两条以上河流或两种以上运输手段的交会点上。国内城市如同江（处于松花江和黑龙江交会点上）、南京（处于京沪铁路和长江的水陆交会点上）等，国外的城市如巴尔的摩（既有优良的港口，也位于美国第一条铁路上）、莫斯科（铁路、河运、公路和航空的枢纽）等。

2. 良好的地形条件

地形包括城镇周边的地形和城镇内部的微地形。就周边地形而言，一般会考虑两个因素：防御和防灾。前者出于城镇多因政治而兴，防御功能是必要条件，如西安，四面环山，在冷兵器时代易守难攻，所以多个朝代把西安作为都城。后者出于避免水旱灾害的考虑，很多城市选择在河流、湖泊的二级阶地[1]上。在现代社会，防御功能已经不再是城镇选址需要考虑的主要因素，但防灾功能仍然是城市建设需要关注的焦点之一。就城市微地形而言，需要满足两个要求：既能使城市有回旋余地，又能保证城市的平面展开。

3. 便捷的交通条件

作为地区政治、经济和文化的中心，城镇选址必须考虑交通的便利性。在农耕文明时代，城市选址一般位于水路交通线上，同时如果再有广阔的经济腹地和富饶的物产，则就会发展成为重要的商业都会。例如，安徽寿县，古称寿春，班固在《汉书·地理志》中指出寿春"受南北湖，皮革、鲍、木之输，亦一都会也"[2]。汉初桓宽在《盐铁论》中指出，"燕之涿（今河北涿州）、蓟（今北京），赵之邯郸（今河北邯郸），魏之温（今河南温县西南）……"，皆为"天下名都"，之所以能发展成为"名都"是因为这些地方都是"街衢之路"[3]。在工业文明时代，位于重要交通枢纽上，就会发展成为大都市，如郑州，被称为"火车拉来的城市"。

4. 丰盈的物产资源

物产丰饶是城市兴起的物质基础，只有具备物产丰饶这个基本条件，城市才能生存和发展，至少在农业社会和工业化早期是这样子的。在农业社会，城市一般位于农业经济最为发达的区域，且一般处于中心地带，从而成为农产品的集散地（马正林，1998），如阜阳、徐州、开封、西安等。在工业社会，矿业城市的选址也必然位于矿产资源丰裕的地区，如安徽的两淮、铜陵，黑龙江的大庆、鹤岗等城市。

---

[1] 河流阶地是指河流两侧呈阶梯状的地形，由阶地面和阶地坡组成，高于河漫滩的最低一级为一级阶地，再向上的是二级阶地，依次类推。一般城市建在二级阶地上，既方便城市饮用水的取用，又可以避免洪涝灾害的侵袭。

[2] 班固. 汉书·地理志 [M]. 二十五史（第1册）. 上海：上海古籍出版社，上海书店，1986：159-160.

[3] 桓宽. 盐铁论·通有 [M]. 诸子集成（第7册）. 北京：中华书局，1956：4.

5.靠近水源地

水是生命繁衍与生存的基本条件，水源对城市选址有决定性影响，前面提及的很多城市选址在河流的二级阶地上，既有不受洪涝灾害侵袭的考虑，也有靠近河流便于引水的考虑。尽管到了工业社会，城市选址多有变化，但水源仍是制约一个城市发展的关键因素。

（二）都市圈产生的条件

前述条件是城市产生的基本条件，也决定着城市的发展规模，但并不是任何地区都可以发展都市圈的。归根结底，都市圈是经济发展的产物，是城镇化发展到成熟阶段的产物。任何脱离实际渴望通过都市圈实现区域经济一体化的想法都是不切实际的。一般来说，都市圈的形成需要满足如下要素。

1.经济发展

经济因素始终是都市圈形成与发展的主要因素。从国内外都市圈的发展实践来看，经济发展水平越高的地区，就越容易发展成为都市圈，国外如纽约都市圈、东京都市圈，国内如上海都市圈、深莞惠都市圈等。首先，经济发展水平高，相应的城市规模就比较大，对周边城市的影响就比较强。以纽约都市圈为例，纽约是美国最大城市，也是世界第一大城市，在纽约的辐射和带动下，形成了包括波士顿、纽约、费城、华盛顿等四大城市和巴尔的摩等中小城市以及一些卫星城镇，构成了带状的大都市圈。其次，经济发展过程是各类产业高度集聚的过程，经济发展水平高的区域，比较容易形成产业和人口的集聚。随着人口集聚，因人与人之间往来频繁就很容易形成空间上的紧密联系，从而成为推动都市圈形成与发展的动力。以镇江市句容市为例，根据《第一财经周刊》的数据，句容市与南京市之间人员的跨城流动占该市所有出行人次的72%[1]。最后，各城市经济发展的速度与质量不同，促使企业在中心城市和周边城市布局不同的生产环节，

---

[1] 数据来源：《第一财经周刊》微信公众号文章（2022年1月17日）——《如何从人口、货物流动的大数据里，挖掘长三角最具发展潜力的区县？》。

促使区域空间形态发生变化，进而促进都市圈的发展。

2. 产业发展

都市圈的形成与发展来自产业发展与空间结构演化的交互作用，产业的发展从规模、结构两个方面对都市圈的形成与发展起促进作用。①产业规模的扩大对都市圈的形成与发展起推动作用。地区经济的发展会吸引产业在某一地区集聚，一方面共享在技术上有不可分割性的公共基础设施，另一方面共享作为投入要素的中间产品。随着产业的集聚，经济要素在空间的流动性不断加强，日趋紧密的分工与合作影响着城市之间的经济联系，并在空间上产生圈层结构。②产业结构的调整与升级推动都市圈的形成与发展。产业的集聚使中心城市的产业发展由规模经济转向规模不经济，对成本敏感的第一、第二产业向周边疏散，那些可以承受高租金且有很大市场的现代服务业和高新产业则保留下来。这样，形成了中心城区以高新技术、现代服务业为主的产业结构，周边城市以制造业为主的产业结构，再往周边则是以农业为主的产业结构。此外，产业的发展进一步吸引着人口的集聚，改变着人们的生产与生活方式，城镇化的发展促进都市圈的发展演化。

3. 城镇化的推进

都市圈是城镇化发展到成熟阶段的产物，美国学者诺瑟姆（R.M. Northam，1979）认为城镇化有三个发展阶段：在初始阶段城镇化缓慢发展，城镇化率低于30%，此时农村人口占绝对优势，因为生产力落后、工业化程度低，农村人口释放缓慢；在中期阶段城镇化快速发展，城镇化率上升到30%~70%，此时工业化的快速发展吸纳大量农村人口进入城市；在后期阶段城镇化进入稳定发展阶段，城镇化率上升到70%以上，此时城市与农村融合发展。诺瑟姆总结的城市人口占总人口比重的变化规律，被学术界总结为"诺瑟姆曲线"。城镇化的不同发展阶段，会出现相应的空间结构形态。首先，城镇化使城乡之间的经济与社会联系日趋紧密，为后来都市圈的形成奠定了良好的社会基础。其次，随着城镇化由集中型向分散型转变，在大城市周边出现"郊区化"和"后郊区化"，使郊区得到快速发展。这使中心城市与周边中小城市、小城镇之间增强了联系。最后，随着中心城市与周边城市之间、城市与乡村之间联系的加强，城市空间范围不断拓展并连接成片，最终发展成为都市圈。

4.政府政策的保障

都市圈是不同行政区内的城市功能的优化组合。培育功能各异的城市树立一体化发展的关联，需要对都市圈发展进行经济整合（economic integration）。经济整合是市场机制和政府政策交互作用的结果。其中，市场机制是主导机制，其一，在价格信号的引导下，实现圈内要素的自由流动和整合；其二，通过市场的协调服务功能，各城市根据各自的比较优势选择主导产业，并引导产业在区域空间实现合理布局；其三，市场机制催生和培育区域经济增长极，使核心城市发展壮大。虽然市场机制对推动都市圈经济整合是最有效的，但市场机制不是万能的，经济整合还需要政府机制的作用。一是因为市场机制所具有的自身痼疾，这使市场机制整合经济所需时间较长；二是因为市场机制整合经济主要是在微观经济领域。政府机制这只"看得见的手"在都市圈建设中有着不可替代的作用：一方面，政府通过制度设计和制度创新，保障市场机制发挥决定性作用，推动都市圈内实现公共服务一体化，避免圈内各城市的恶性竞争。另一方面，都市圈的形成过程是各城市统筹协调的过程，经济整合需要政府对都市圈的空间进行战略性规划，推动区域经济、社会与环境的可持续发展、推进跨区域基础设施的共建共享。

（三）都市圈形成与发展的空间联系效应

纵观国内外都市圈发展与演化的历程，虽然各国文化背景、政治体制、地理区位均有差异，且发展程度不尽相同，但在经济、资源、技术、政策等的空间交互影响却是相似的。一般来说，都市圈是在资源与要素上的分散与聚合、城市功能上的分工与协作中形成的，是在系统和谐共生效应与功能增强效应中形成的。

1.分工与协作效应

城镇化由低级向高级的演进过程就是区域内各城市空间联系由松散到

紧密的发展过程，这个过程的演进必须以现代化的经济体系为基础，而现代化的经济体系的空间支撑为大城市和都市圈（城市群）。大城市对高端要素的集聚使生产性服务业和制造业加速分离，处于中心城市地位的大城市集中发展生产性服务业（主要是价值链首尾两端的产业，前端从事与产品的研发、设计有关的产业，尾端从事与产品的销售、售后服务有关的产业），而周边的中小城市则偏向产品制造（生产加工、中间品的供给等）。魏后凯（2007）将中心城市的这种产业链结构称为哑铃结构，将中小城市的这种产业链结构称为菱形结构，将小城镇的这种产业链结构称为棒形结构。城市间的这种分工，一方面提升了都市圈的全要素生产率（既可以提高劳动生产率，也可以充分发挥资源和资产的效率），另一方面进一步提升了专业化效应。

都市圈内各城市的发展，尤其是大城市的发展，会带动圈内资金、人力、技术等要素的流动，对其他城市产生辐射和极化作用。前者产生了外部经济，而后者则带来外部不经济。此外，都市圈内各城市由于地域地缘相近、资源禀赋相似，容易产生产业同质化，一方面可能会限制各自的比较优势的发挥，另一方面会带来内耗性竞争。外部性尤其是外部不经济的存在以及制约整体效率的同质化的存在，都需要各城市加强协作。一方面，协作有助于消除城市间的壁垒；另一方面，协作为市场主体相互融合提供条件，为更大范围的协作奠定基础，也为更大范围的分工创造条件。

2. 极化与辐射效应

都市圈内各城市空间关联的演进会产生两种效应：赫希曼（1958）将之称为极化效应和涓滴效应，缪尔达尔（1957）将之称为回波效应和扩散效应。极化（回波）效应意味着发达地区的发展对周边城市施加了消极影响，削弱了周边城市的发展能力；涓滴（扩散）效应意味着经济发达地区对相邻区域形成了积极推动作用，把发展的刺激在空间上扩散，带动周围地区的经济发展。这两种效应主要通过要素（劳动力、资本、技术、信息等）在空间内流动而产生，这种流动并非无序，而是呈现一定的规律性。前者表示要素由欠发达地区流向发达地区，后者表示要素由发达地区流向欠发达地区。

极化效应是都市圈产生的根源，产业的集聚带来规模经济和范围经济，促进都市圈效率的提高。扩散效应是平衡机制，既是生产要素配置的规律使然，也是利益平衡机制的内在要求。这种极化和扩散的交互作用促使都市圈的形成与发展。一般来说，在都市圈发展的初始阶段，极化效应促使资源和要素不断向中心城市集聚，促使中心城市的规模不断扩大、功能日益完善和增强，在要素的流动中，都市圈内各城市间的经济联系也日趋紧密起来。当极化效应发展到一定阶段后，囿于空间的限制，中心城市需要向郊区城市疏散，中心城市通过区域交通网络向周围城市转移产业，从而带动区域内其他城市和地区的发展。

20世纪70年代后，传统的增长极理论所提出的自上而下（top-down）城乡发展理论并不能满足城乡发展的长远需要。新的理论认为城乡是不可分割的整体，统筹二者之间的关系才是关键，从而产生了城市偏向（urban bias）理论（Lipton，1977）、乡村城市（agro-politan）战略（Friedmann et al.，1978）、次级城市发展战略（Rondinelli，1983）等理论。这种城乡融合思想在经济一体化的过程中进一步深化。

二、南京都市圈的历史沿革

南京都市圈是苏皖两省重点建设的两个跨省区都市圈（另外一个是徐州都市圈）之一，也是江苏省委、省政府着重建设的三大都市圈（分别为南京都市圈、苏锡常都市圈、徐州都市圈）之一。南京都市圈最早可以追溯到1986年3月国家计划委员会（现国家发展和改革委员会的前身）的一份研究报告，该报告提出以南京为核心，联合与南京毗邻的安徽和江苏的几个城市构建一个都市圈。从1986年南京经济区的设想开始到2021年2月《南京都市圈发展规划》的发布，南京都市圈的建设大致可以划分为3个阶段。

（1）第一阶段：从1986年开始到2000年，该阶段是南京都市圈的萌芽时期。1986年，国家计划委员会建议以南京为核心组建跨省经济区，同年 6 月南京区域经济协调会第一次会议在南京召开，这标志着南京都市圈的萌芽——南京经济区的成立，不过此时协调会成员要比南京都市圈的成员多得多，从第一次协调会的 16 个成员到第二次协调会发展到 18 个成员，至 1997 年定格为 19 个成员，包括南京、镇江、扬州、泰州、合肥、芜湖、淮南、马鞍山、铜陵、安庆、黄山、滁州、巢湖、六安、池州、宣城、南昌、九江和景德镇。

（2）第二阶段：从 2000 年开始到 2013 年，该阶段是南京都市圈的初建时期。2000 年 7 月，在江苏省城市工作会议上，首度提出"南京都市圈"的概念，并于翌年 3 月苏皖 6 市计划委员会负责同志就成立"南京都市圈"进行了研讨，就都市圈的范围达成共识——以南京为中心 1 小时车程（即100 千米）之内的范围。2002 年，6 市计划委员会的负责人再次就"南京都市圈"的规划展开研究。同年 12 月，江苏省政府批复《南京都市圈规划（2002—2020）》，这标志着南京都市圈的正式形成。在 2007 年第一届市长峰会上签署的行动纲领，使南京都市圈进入实质性建设阶段。在这个阶段，都市圈的范围并不稳定，成员从初创时期的 6 个（苏皖各 3 个）发展到 8 个，包括江苏省的南京市、淮安市、扬州市和镇江市，安徽省的芜湖市、马鞍山市、滁州市和宣城市。

（3）第三阶段：从 2013 年开始到现在，该阶段为南京都市圈的全面建设时期。2010 年《长江三角洲地区区域规划》发布，要求编制都市圈发展规划，该规划于 2013 年在南京都市圈第一届党政领导联席会议上正式发布，这标志着南京都市圈的发展进入新起点。2018 年，习近平总书记在首届中国国际进口博览会（The 1st China International Import Expo）上宣布将长三角一体化纳入国家战略，并于次年 12 月发布了《长江三角洲区域一体化发展规划纲要》，纲要明确要求加快南京都市圈建设。2021年 2 月，国家发展和改革委员会正式批复了《南京都市圈发展规划》，这是国家层面的第一个都市圈发展规划。南京都市圈建设有了法律依据，标志着南京都市圈建设进入新的快车道。

综上所述，南京都市圈不同发展阶段的重大事件及其成员范围变化如表 4-1 所示。

表4-1 南京都市圈不同发展阶段的重大事件及其成员范围变化

时间节点	重大事件	成员范围
1986 年	国家计划委员会建议南京组建跨省经济区试点，并于同年召开南京区域经济协调会第一次会议	包括江苏、安徽和江西三省 16 个地、市 江苏：南京市、镇江市和扬州市 安徽：合肥市、芜湖市、马鞍山市、铜陵市、安庆市、黄山市、滁县地区、六安地区、宣城地区、巢湖地区、池州地区、安庆地区 江西：九江市
1987 年	南京区域经济协调会第二次会议	增加了江西省南昌市和安徽省淮南市，成员增加到苏皖赣三省 18 个地、市
1997 年	南京区域经济协调会第三次会议	吸纳江西省景德镇地区，成员增加到 19 个地、市
2000 年	江苏省城市工作会议提出"南京都市圈"概念	包括苏皖 6 市。 江苏：南京市、镇江市和扬州市 安徽：芜湖市、马鞍山市和滁州市
2002 年	江苏省政府批准《南京都市圈规划（2002—2020）》	除了上述 6 市的全部行政区域外，增加江苏省淮安市的盱眙县和金湖县、安徽省巢湖市的市区、和县和含山县
2005 年	重大项目投资协调会	形成"1+7"区域投资协调机制，以南京为主体，成员包括镇江、淮安、芜湖、马鞍山、淮南、滁州、宣城等 7 市
2007 年	第五届南京都市圈发展论坛	将江苏省淮安市和安徽省巢湖市的全域纳入南京都市圈的范围
2012 年	南京都市圈第五届市长峰会	由于安徽省于 2011 年 8 月撤并了地级巢湖市，南京都市圈的成员数量从 8 个变为 7 个
2013 年	南京都市圈第一届党政领导联席会议，发布《南京都市圈区域规划》	吸纳安徽省宣城市成为南京都市圈的第 8 个正式成员

续表

时间节点	重大事件	成员范围
2021 年 1 月	国家发展和改革委员会发布《南京都市圈发展规划》	成员除了包括上述 8 市全域外，还将江苏省常州市所属的金坛区和溧阳市纳入都市圈范围

第二节　南京都市圈经济发展的基本状况

一、南京都市圈整体情况分析

南京都市圈覆盖的空间地域范围包括江苏省的南京市、镇江市、扬州市和淮安市，安徽省的芜湖市、马鞍山市、滁州市和宣城市 8 个地级市，以及江苏省常州市下辖的金坛区和溧阳市 1 区 1 市。2021 年，南京都市圈以占全国约 0.68% 的国土面积创造了占全国 4.02% 的国内生产总值（都市圈的总面积为 65482 平方千米，在 2021 年共实现了地区生产总值 46016 亿元）。2021 年，南京都市圈的人均 GDP 达到 12.97 万元，约为全国平均水平的 1.602 倍（2021 年全国人均 GDP 为 8.098 万元），接近高收入国家的水平[1]。2021 年年末，南京都市圈内各市常住人口总规模为 3548.3 万人（占全国总人口的比重约为 2.512%），其中城镇常住

---

[1] 世界银行标准（2020 年版）以"人均年国民收入（人均 GNI）"标准把世界各国划分为低收入国家（1035 美元及以下）、中等偏下收入国家（1036~4045 美元）、中等偏上收入国家（4046~12535 美元）和高收入国家（12536 美元及以上）。尽管 GNI 与 GDP 是两个不同统计口径，但实际统计的结果相差并不大。按照当前的人民币与美元的汇率，南京都市圈的人均 GDP 实际已经接近高收入国家的水平了。

人口 2499.07 万人，城镇化率（即城镇常住人口 / 地区常住人口）的平均水平为 70.43%，超过全国平均水平约 5.71 个百分点（全国城镇化率为 64.72%）。2021 年，城乡居民收入比（城镇居民人均可支配收入 / 农村居民人均可支配收入）为 1.755，低于 2.504 的全国平均水平，城乡收入分配更加公平合理。2021 年都市圈内三大产业的比重为：4.4∶43.3∶52.3，整体上看已经形成了"三—二—一"的产业结构。2021 年，南京都市圈实现一般公共预算收入为 3837.01 亿元，占全国比重的 1.89%。

表 4-2　南京都市圈内各市的基本情况统计（2021 年）

| 城市 | 总面积 / 平方千米 | 人口规模 | | 地区生产总值 / 亿元 | 产业结构 /% | 人均可支配收入 / 元 | | 一般公共预算收支 / 亿元 | |
		常住人口 / 万人	城镇化率			农村居民	城镇居民	预算收入	预算支出
南京市	6587	942.3	86.9%	16355	1.9∶36.1∶62.0	32701	73593	1729.52	1817.73
淮安市	10047	456.2	66.2%	4550	9.3∶41.5∶49.2	43954	21884	297.02	613.01
扬州市	6592	457.7	71.1%	6048	5.1∶46.1∶48.8	24813	47202	344.07	684.87
镇江市	3487	321.7	79.9%	4763	3.3∶48.7∶48.0	31354	59204	327.59	543.40
芜湖市	5987	367.2	72.3%	4303	3.9∶47.6∶48.4	27202	48668	361.20	503.49
马鞍山市	4042	215.7	72.4%	2439	4.3∶49.5∶46.2	28331	56440	196.53	287.41
滁州市	13398	399.0	62.9%	3362	8.6∶48.9∶42.5	17400	39025	250.90	461.74

续表

城市	总面积/平方千米	人口规模		地区生产总值/亿元	产业结构/%	人均可支配收入/元		一般公共预算收支/亿元	
		常住人口/万人	城镇化率			农村居民	城镇居民	预算收入	预算支出
宣城市	12340	248.7	61.7%	1834	9.4：48.6：42.0	20565	46115	182.82	315.23
金坛区	976	59.3	66.5%	1101	3.7：51.9：44.4	33796	62316	60.03	—
溧阳市	1535	80.4	64.1%	1261	4.5：51.4：44.1	33371	60560	87.33	—
南京都市圈合计	65482	3548.3	70.4%	46016	4.4：43.3：52.3	29349	51501	3837.01	246322
全国情况	—	141260	64.7%	1143670	7.3：39.4：53.3	18931	47412	202539	—

注：本书在撰写时，2022 年度统计年鉴尚未出版，因此表中数据是根据各市所发布的 2021 年度《国民经济和社会发展统计公报》的数据整理而得。

（一）经济总量持续扩大，占全国经济比重不断上升

南京都市圈自成立以来，经济规模持续扩大，特别是在 2013 年《南京都市圈区域规划》发布以来，地区生产总值快速增长。地区生产总值从 2011 年的 17970.57 亿元增长到 2021 年 46016 亿元，11 年间增长了 1.561 倍。地区生产总值在 2012 年突破 20000 亿元大关后，之后在 2017 年、2020 年分别突破了 30000 亿元和 40000 亿元的关口。经济总量跃上 20000 亿元关口用了数十年，但从 20000 亿元到 30000 亿元、从 30000 亿元到 40000 亿元，分别只用了 6 年和 4 年，所用的时间越来越短。在

2020 年站上 40000 亿元的关口后，地区生产总量在 2021 年就已经达到了 46016 亿元，可以预计 2022 年会超越 50000 亿元。2011 年，南京都市圈的地区生产总值在全国的比重为 3.81%，到了 2021 年该比重上升到 4.02% 左右，在部分年份甚至超过 4.11%。2011—2021 年南京都市圈经济总量及其占全国的比重如图 4-1 所示。

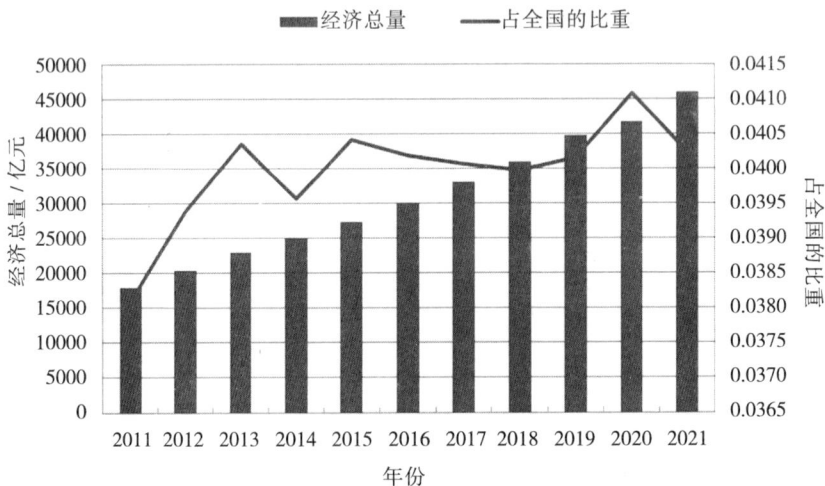

图 4-1　2011—2021 年南京都市圈经济总量及其占全国的比重

（二）中心城市的核心地位突出，周边城市发展态势良好

南京市是江苏省的省会，也是长三角城市群的区域副中心城市，2021年，地区生产总值占全省的经济比重为 14.43%，占长三角城市群的经济比重为 6.06%，占全国的经济比重保持在 1.40% 左右。南京市作为南京都市圈的核心城市，经济首位度在都市圈内稳步提升。如果以第一大城市的经济规模在区域经济的比重衡量首位度，发现南京市的首位度由 2011 年的 34.20% 上升到 2021 年的 35.54%，增长了 3.92%（详情见图 4-2）。如果以第一大城市和第二大城市的经济规模之比表示首位度，发现南京市的首位度由 2011 年的 2.34 上升到 2021 年的 2.70（详情见图 4-3），南京都市圈存在区域失衡的趋势。

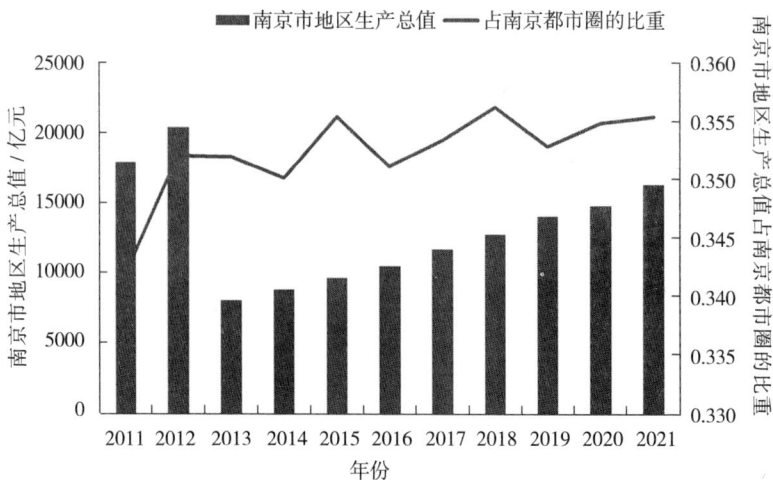

图 4-2 2011—2021 年南京首位度的变动趋势（一）

图 4-3 2011—2021 年南京首位度的变动趋势（二）

从 2011 年开始，南京的经济总量连续跨越了 4 个千亿元关口，于 2016 年突破万亿元进入万亿俱乐部，地区生产总值达到 10503.02 亿元，也使南京跻身全国城市十强。南京市的地区生产总值从 2011 年的 6145.52 亿元，增长到 2021 年的 16355.32 亿元，11 年间经济规模扩张了 1.66 倍。2020 年一季度受新冠疫情的严重冲击，各城市的经济增长速度普遍下滑，但南京市是全国主要城市中为数不多的取得正增长的城市，经济发展的韧性强和后劲足的特征非常显著。

除了核心城市南京市实现了快速发展，都市圈内其他城市的经济发展也取得了长足进步。其中，滁州市的经济增速最快，地区生产总值由2011年的850.49亿元增长到2021年的3362.1亿元，11年间增长了2.953倍。滁州市的经济增速不仅高于南京都市圈，更高于全国平均水平。常州市金坛区的增速仅次于滁州市，2021年的地区生产总值比2011年增长了2.016倍。南京都市圈内有3个城市的增速低于全国平均水平，分别为扬州市、马鞍山市和镇江市。

（三）城镇化率不断提升，远超全国平均水平

随着新型城镇化建设的深入推进，南京都市圈的城镇化水平得到不断提升。除了2018年波动比较大，南京都市圈的城镇化率低于全国平均水平（2018年南京都市圈的城镇化率为52.7%，而此时全国平均水平为59.6%）外，其他年份都要超过全国平均水平，而且这种情况在2019—2021年有扩大的趋势。2011—2017年南京都市圈的城镇化率超出全国平均水平约11.62%，在2019—2021年期间该比率扩大到了15.13%。

2011年南京都市圈内城镇常住人口规模为1163.59万人，到了2021年这一数字增长到了2499.07万人，增加了1.15倍，城镇人口规模扩张迅速。尤其是核心城市南京市，2020年户籍人口为722.57万人，而常住人口达到了931.97万人，非户籍人口的增长显现出该市对农村人口和市外人口积聚有强劲的吸引力。除了南京市外，还有镇江市和扬州市的常住人口超过了户籍人口，分别增加了51.85万人和2.05万人。其他5市都是人口净流出，其中流出人口最多的滁州市（人口净流出55.8万人），其次是宣城市和芜湖市（分别流出27.06万人和23.89万人）。2011—2021年南京都市圈城镇化水平与全国城镇化平均水平的对比情况如图4-4所示。

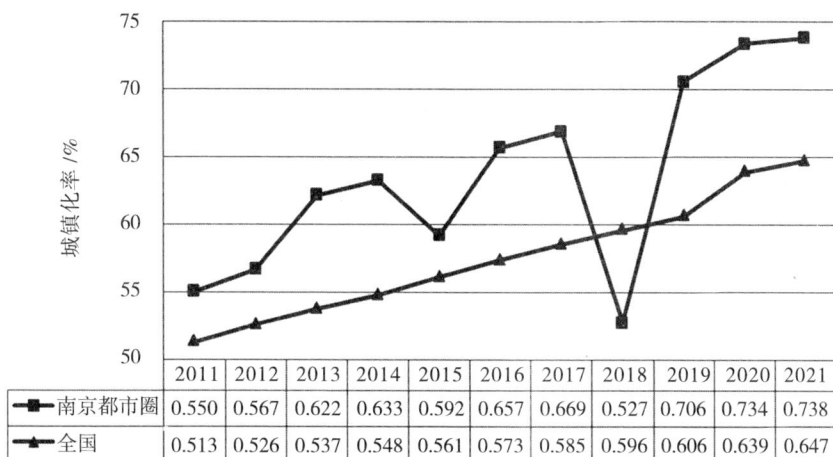

图 4-4 2011—2021 年南京都市圈城镇化水平与全国城镇化平均水平的对比情况

（四）产业互补性强，第三产业发展迅速

南京都市圈内各城市发展成梯度分布，产业优势互补性较强（南京都市圈各市的主导产业如表 4-3 所示）。南京是长三角乃至全国的科教基地，第三产业非常发达，2020 年第三产业占比超过 62%，达到发达国家水平[1]。芜湖市、马鞍山市、镇江市、扬州市的制造业发展较快，滁州市、宣城市和淮安市的农业基础好。第三产业发展迅速，第三产业在地区生产总值的比重在 2015 年超越第二产业的比重，使得南京都市圈的产业结构从 2011 年的"二—三—一"的结构（三次产业的比重分布为 6.57%、52.33% 和 41.10%）转变为 2021 年的"三—二—一"的结构（三次产业的比重分布为 4.40%、43.26% 和 52.34%）（南京都市圈产业结构变迁如图 4-5 所示）。

---

[1] 综合世界银行、国际货币基金组织、联合国开发计划署等标准，发达国家的认定标准包括：人均收入高（12616 美元以上），产业结构先进（第三产业占比超过60%）；市场体系运行成熟，市场机制健全；经济国际化程度高；等等。

表 4-3　南京都市圈内各城市（不含常州市金坛区和溧阳市）的主导产业

城市	主导产业
南京市	根据 2020 年发布的《南京市推进产业链高质量发展工作方案》，南京市确定了"441"主导产业体系，包括软件和信息服务、新能源汽车、新医药与生命健康、集成电路、人工智能、智能电网、轨道交通、智能制造装备等 8 大产业。
淮安市	根据 2019 年《"三新一特"工业主导产业发展行动计划（2019—2020 年）》，淮安市确立"三新一特"主导产业体系。"三新"是指新一代信息技术、新能源汽车及其零部件和盐化凹土新材料，"一特"是指食品产业。
扬州市	根据扬州市 2018 年发布的《培育先进制造业集群的实施意见》，重点打造汽车及其零部件、高端装备、新型电力装备等 3 个千亿级产业集群，打造软件与信息服务、高端纺织与服装等 2 个五百亿级产业集群，打造海工装备与高技术船舶、生物医药与新型医疗器械、食品等 3 个百亿级产业集群。
镇江市	根据《镇江市"十四五"重点产业发展规划》，镇江市确定了四大主导产业集群和八条重点产业链，四大主导产业包括高端装备制造、生命健康、数字经济和新材料等，八大重点产业链包括新型电力（新能源）装备、汽车及零部件（新能源汽车）、高性能材料、医疗器械和生物医药、新一代信息技术、航空航天、海工装备、智能农机设备等。
芜湖市	目前芜湖已经形成汽车及其零部件、材料、电子电器、电线电缆等四大支柱产业。根据《战略性新兴产业集聚发展实施意见》，芜湖市谋划和培育新型显示和光电信息、通用航空、新材料、节能环保、生命健康等产业基地。
马鞍山市	根据《关于加快推进马鞍山市主导产业优化升级的意见》，马鞍山市提出优化升级钢铁及机械制造、轻化及建材、食品加工、电力等传统产业，打造以轨道交通、高端数控机床、新能源汽车及汽车零部件、机器人为重点的产业集群。
滁州市	滁州市确定了光伏、半导体、汽车、新能源电池、医疗器械、智能家电、新型化工、食品等八大产业为主导产业。
宣城市	根据《宣城市主导产业发展规划（2014—2017 年）》，确定的主导产业为汽车及装备制造、食品医药、文化旅游产业。

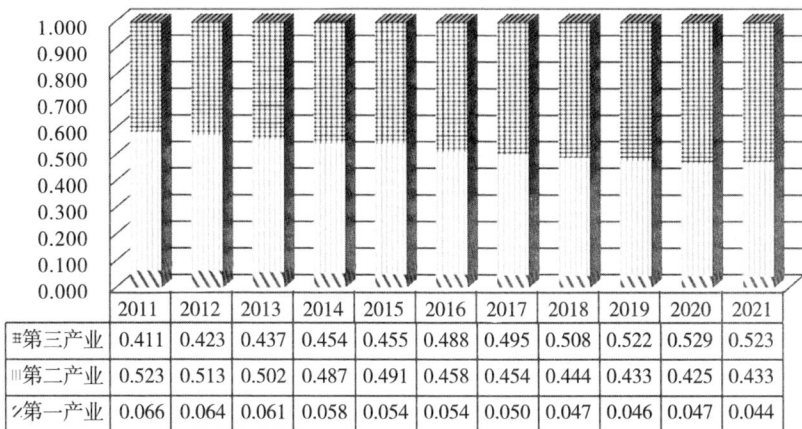

	2011	2012	2013	2014	2015	2016	2017	2018	2019	2020	2021
▦第三产业	0.411	0.423	0.437	0.454	0.455	0.488	0.495	0.508	0.522	0.529	0.523
▥第二产业	0.523	0.513	0.502	0.487	0.491	0.458	0.454	0.444	0.433	0.425	0.433
▨第一产业	0.066	0.064	0.061	0.058	0.054	0.054	0.050	0.047	0.046	0.047	0.044

图 4-5　2011—2021 年南京都市圈产业结构变迁

（五）居民收入快速增长，城乡收入差距不断缩小

数据显示，南京都市圈各市的城镇居民和农村居民的人均可支配收入实现了快速增长。2011—2021 年城镇居民的人均可支配收入由 23784 元增长到 51501 元，增长了 1.17 倍；2011 年农村居民的人均纯收入为 10589 元，2021 年农村居民的人均可支配收入为 29349 元，增长了 1.77 倍。其中，农村居民收入增长速度要快于全国水平约 2.15%，城镇居民收入增长要低于全国水平约 0.39 个百分点（南京都市圈城乡居民收入如表 4-4 所示）。具体到各城市，农村居民收入增长最快的是芜湖市，从 2011 年的 8413.3 元增长到 2021 年的 27202 元，11 年增长了 2.233 倍，马鞍山市和淮安市仅次于芜湖市，分别增长了 1.98 倍和 1.53 倍。南京市、扬州市等 5 地级市和 2 两个县域的增长速度低于全国水平。

表4-4 2011—2021年南京都市圈城乡居民收入情况　　单位：元

年份	南京都市圈		全国情况	
	城镇居民	农村居民	城镇居民	农村居民
2011年	23784	10589	21810	6977
2012年	26877	12042	24565	7917
2013年	29590	13351	26955	8896
2014年	30292	14651	28844	10489
2015年	32108	18033	31195	11422
2016年	37071	17798	33616	12363
2017年	40308	19391	36396	13432
2018年	43824	21171	39251	14617
2019年	44891	25779	42359	16021
2020年	49680	24772	43834	17131
2021年	51501	29349	47412	18931

注　2011—2020年的居民收入数据来自《安徽统计年鉴》（2012—2021）和《江苏统计年鉴》（2012—2021），2021年的居民收入数据来自各市2021年《国民经济和社会发展统计公报》。由于统计口径发生变化，农村居民的收入在2015年以前为农村居民纯收入，2015年之后为农村居民可支配收入。

农村居民收入的增速快于城镇居民收入的增长，这使城乡居民收入比呈下降趋势，从2011年的2.25下降到2021年的1.75，下降了22.22%，南京都市圈的城乡收入差距在不断缩小。将南京都市圈和全国水平相比，可以清晰看到南京都市圈城乡居民收入的差距要显著小于全国平均水平，这说明南京都市圈的城乡发展更为协调与均衡。2011—2021年南京都市圈与全国的城乡居民收入的对比如图4-6所示。

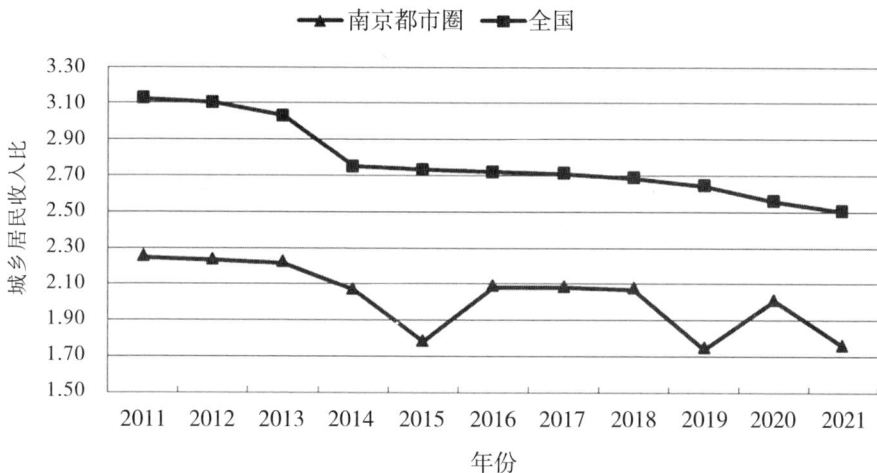

图 4-6 2011—2021 年南京都市圈与全国的城乡居民收入的对比

二、南京都市圈内各城市经济发展情况

（一）南京市

南京市是江苏省省会，南京都市圈的核心城市、长三角城市群的三个副中心城市之一，中国东部重要的中心城市。南京也是《长江三角洲区域一体化发展规划纲要》确定的除了上海之外的长三角地区唯一特大城市。经过多轮次的行政区划调整，现在的南京市下辖 11 个区（玄武区、秦淮区、建邺区、鼓楼区、栖霞区、雨花台区、江宁区、浦口区、六合区、溧水区、高淳区），总面积 6587.02 平方千米，其中建成区面积 822.97 平方千米（2020年的数据）。经济规模稳步提升，地区生产总值从 2011 年的 6145.52 亿元增长到 2021 年的 16355.32 亿元，11 年内增长了 1.66 倍，经济总量位列全国城市十强。户籍人口规模和常住人口规模分别由 2011 年的 636.36万人、810.91 万人增长到 2021 年的 733.7 万人、942.3 万人，分别增加了97.34 万人和 131.39 万人，常住人口增长高于户籍人口，这说明南京对外来人口具有较强的吸引力。常住人口城镇化率由 2011 年的 79.7% 提升到

2021 年的 86.9%，上升了 7.2 个百分点。2011—2021 年农村居民的人均收入由 13108 元增长到 32701 元，增长了 1.49 倍；城镇居民的人均收入由 31100 元增长到 73593 元，增长了近 1.37 倍；农村居民收入增长快于城镇居民，这使得城乡居民收入比由 2.37 下降到 2.25，下降了 5.06%。2011—2021 年第一、第二、第三产业的增加值由 164.28 亿元、2760.84 亿元和 3220.41 亿元增长到 303.94 亿元、5902.65 亿元和 10148.73 亿元，分别增长了 0.85 倍、1.14 倍和 2.15 倍。第三产业的快速增长使南京的产业结构已经形成了典型的"三—二——"的结构，2021 年的三次产业比为 1.9：36.1：62.0。公共预算收支分别由 2011 年的 635.00 亿元、666.21 亿元增长到 2021 年的 1729.52 亿元、1817.73 亿元，11 年间财政收入增长了 1.72 倍、财政支出增长了 1.73 倍，财政支出增长快于财政收入使得财政赤字水平不断扩大，由 2011 年的 31.21 亿元增长到 2021 年的 88.21 亿元。2011—2021 年南京市各项经济指标如表 4-5 所示，2020 年南京市各辖区各项经济指标统计如表 4-6 所示。

表 4-5 2011—2021 年南京市各项经济指标

年份	地区生产总值/亿元	常住人口城镇化率	三次产业占比	城乡居民收入比	一般公共预算收支/亿元	
					预算收入	预算支出
2011 年	6145.52	79.7%	2.7：44.9：52.4	2.373	635.00	666.21
2012 年	7201.57	80.3%	2.6：44.0：53.4	2.373	733.01	769.66
2013 年	8080.21	80.5%	2.4：42.9：54.7	2.443	831.31	850.91
2014 年	8820.75	80.9%	2.4：41.1：56.5	2.410	903.49	921.20
2015 年	9720.77	81.4%	2.4：40.3：57.3	2.366	2008.96	1045.57
2016 年	10503.02	82.0%	2.4：39.2：58.4	2.363	2198.54	1173.79
2017 年	11715.1	82.3%	2.2：38.0：59.7	2.358	1271.91	1353.96
2018 年	12820.4	82.5%	2.1：36.8：61.0	2.348	1470.02	1532.71

续表

年份	地区生产总值 / 亿元	常住人口城镇化率	三次产业占比	城乡居民收入比	一般公共预算收支 / 亿元	
					预算收入	预算支出
2019 年	14045.15	86.1%	2.0 : 35.9 : 62.1	2.329	1580.03	1658.60
2020 年	14817.95	86.8%	2.0 : 35.2 : 62.8	2.281	1637.70	1754.62
2021 年	16355.32	86.9%	1.9 : 36.1 : 62.0	2.250	1729.52	1817.73

注　2011—2020 年的数据来自于《南京统计年鉴》（2012—2021）。2021 年数据来自于 2021 年《南京国民经济与社会发展统计公报》。由于统计口径发生变化，2015 年之前使用公共财政预算收支，从 2015 年开始使用一般公共预算收支。

表 4-6　2020 年南京市各辖区各项经济指标统计

辖区	辖区面积 / 平方千米	地区生产总值 / 亿元				常住人口 / 万人	一般公共预算收入 / 亿元	城镇居民人均可支配收入 / 元
		总规模	第一产业	第二产业	第三产业			
玄武区	75.46	1108.66	—	21.17	1087.49	53.81	97.32	74882
秦淮区	49.11	1286.60	—	88.51	1198.09	74.15	100.11	68563
建邺区	81.75	1121.53	—	351.31	770.22	53.46	138.02	65857
鼓楼区	54.18	1772.60	—	143.96	1628.64	94.07	166.41	74001
浦口区	910.49	443.57	45.63	136.24	261.70	117.22	70.12	62498
栖霞区	395.44	1569.15	7.82	902.71	658.62	98.83	138.70	65867
雨花台区	132.39	947.14	0.29	160.71	786.14	60.91	83.92	65686
江宁区	1563.33	2509.32	70.53	1328.69	1110.10	192.66	264.36	65410
六合区	1471.00	514.39	68.21	185.02	261.16	94.71	46.36	60785

续表

辖区	辖区面积/平方千米	地区生产总值/亿元				常住人口/万人	一般公共预算收入/亿元	城镇居民人均可支配收入/元
		总规模	第一产业	第二产业	第三产业			
溧水区	1063.67	911.51	50.42	459.57	401.52	49.16	79.02	59740
高淳区	790.22	513.13	46.87	229.68	236.58	42.99	38.01	60295

注　数据来源为《南京统计年鉴》（2021）。《南京统计年鉴》没有公布一般公共预算支出的分区数据，所以这里只统计了一般公共预算收入的分区数据。江北新区的财政收入单列，所以浦口区、栖霞区和六合区的数据里不包含江北新区的部分。

（二）淮安市

淮安市地处江苏省北部中心地域、淮河下游，京杭大运河上重要节点城市，境内有我国第四大淡水湖——洪泽湖，分别与江苏省内的宿迁市、连云港市、盐城市、扬州市和安徽省的滁州市接壤。淮安下辖4区（即清江浦区、淮阴区、淮安区、洪泽区）、3县（涟水县、盱眙县、金湖县），辖区面积10047平方千米，其中建成区面积198.00平方千米（2020年的数据）。地区经济规模不断提升，地区生产总值由2011年的1690亿元增长到2021年的4550.13亿元，11年间增长了1.69倍。人口规模先递增后下降，常住人口由2011年的480.34万人增长到2018年的492.5万人，随后下降到2021年的456.22万人。相比2011年，人口规模减少24.12万人，下降了5.02%；相比2018年，人口规模减少了36.28万人，下降了7.36%。常住人口城镇化率由2011年的52.0%提升到2021年的66.2%，上升了14.2个百分点。2011—2021年城乡居民收入分别由18510元、8645元增长到43954元、21884元，增长了1.37倍和1.53倍，农村居民收入增长显著快于城镇居民，使得城乡居民收入比由2.14下降到2.00，城乡居民收入差距在不断缩小；第一、第二、第三产业的增加值由223.46亿元、794.18亿元和672.36亿元分别增长到423.32亿元、1889.21亿元和 2237.6 亿元，增长了 0.89 倍、1.38 倍和 2.33 倍，产业结构由典型的"二—三—一"结构向"三—二—一"结构演进，2021 年三次产业比重为 9.3∶41.5∶49.2。就公共财政收支而言，2011 年实现财政收入 204.63 亿元，安排财政支出为 296.68 亿元；2021 年实现财政收入 297.02 亿元，所安排的财政支出为 613.01 亿元；财政收支分别增长了 45.15% 和 106.62%。财政支出增长快于财政收入，使得财政赤字规模持续扩大，由 2011 年的 92.05 亿元扩大到 315.99 亿元，增长了 2.43 倍。2011—2021 年淮安市各项经济指标如表 4-7 所示，2020 年淮安市各辖区各项经济指标统计如表 4-8 所示。

表 4-7 2011—2021 年淮安市各项经济指标

年份	地区生产总值/亿元	常住人口城镇化率	三次产业占比	城乡居民收入比	一般公共预算收支/亿元	
					预算收入	预算支出
2011 年	1690.00	52.0%	13.2∶47.0∶39.8	2.141	204.63	296.68
2012 年	1920.91	53.5%	12.9∶46.3∶40.8	2.129	233.61	339.86
2013 年	2215.86	55.1%	12.1∶45.4∶42.5	2.191	271.42	385.05
2014 年	2455.39	56.5%	11.7∶44.2∶44.1	2.148	308.51	431.65
2015 年	2745.09	58.2%	11.2∶42.9∶45.9	2.141	350.31	512.47
2016 年	3048.00	59.7%	10.6∶41.6∶47.7	2.119	315.51	483.47
2017 年	3328.88	61.2%	10.2∶42.2∶47.6	2.114	230.61	452.31
2018 年	3601.25	62.4%	10.0∶41.9∶48.2	2.100	247.27	486.77
2019 年	3840.21	64.3%	10.1∶41.3∶48.6	2.098	257.31	529.15
2020 年	4025.37	65.7%	10.2∶40.5∶49.3	2.043	264.21	568.25
2021 年	4550.13	66.2%	9.3∶41.5∶49.2	2.001	297.02	613.01

注 2011—2012 年的数据来自当年的《淮安统计年鉴》，2013—2020 年的数据来自《淮安统计年鉴》（2014—2021）。2021 年数据来自《2021 年淮安国民经济与社会发展统计公报》。由于统计口径发生变化，2015 年之前使用公共财政预算收支，从 2015 年开始使用一般公共预算收支。

表 4-8　2020 年淮安市各辖区各项经济指标统计

| 辖区 | 辖区面积 / 平方千米 | 地区生产总值 / 亿元 | | | | 常住人口 / 万人 | 一般公共预算收支 / 亿元 | | 城镇居民人均可支配收入 / 元 |
		总规模	第一产业	第二产业	第三产业		预算收入	预算支出	
淮安区	1452	616.10	83.14	252.40	280.56	79.70	26.66	85.65	40318
淮阴区	1264	549.76	78.67	210.04	261.05	74.86	25.57	67.58	34889
清江浦区	420	591.98	13.20	134.87	443.91	58.01	30.19	42.75	37485
洪泽区	1394	343.65	41.21	132.23	170.21	28.50	20.30	50.54	48779
涟水县	1676	554.05	71.95	228.54	253.56	82.97	23.98	73.06	33413
盱眙县	2497	435.32	75.47	155.65	204.20	60.72	19.20	64.17	40531
金湖县	1344	337.03	47.03	133.65	156.35	28.95	23.54	49.48	40971

注　数据来源于《淮安统计年鉴》（2021）。因为开发区的数据单列，所以淮安市辖区的数据不包括开发区的部分。

（三）扬州市

位于苏中地区的扬州市襟江带湖，是我国重要的历史文化名城，是长三角城市群核心区城市，南水北调东线工程的水源地，与江苏省内的淮安市、泰州市、盐城市、镇江市和安徽省滁州市毗邻。该市下辖 3 个区（邗江区、广陵区、江都区）、1 个县（宝应县）和 2 个县级市（仪征市、高邮市），全市的市域面积 6592.21 平方千米，其中建成区面积 178.84 平方千米（2020 年的数据）。2011—2021 年扬州市经济规模不断扩张，地区生产总值由 2664.87 亿元增长到 6696.43 亿元，增长了 1.51 倍。常住人口持续增加，人口规模由 446.3 万人增长到 457.2 万人，绝对数字增加了 10.9 万人，增长了 2.44%；常住人口城镇化率由 57.9% 提升到 71.4%，上升了 13.5 个百分点。城乡居民收入分别由 22835 元、11217 元增加到 47202 元、24813 元，分别增长了 1.07 倍和 1.21 倍，农村居民收入的增长幅度超过城镇居民，使得城乡居民收入比由 2.07 下降到 1.86，城乡居民收入差距显著收窄（下降了 10.14%）。第一、第二、第三产业增加值由 2011 年的 184.54 亿元、1427.87 亿元和 1017.89 亿元增加到 2021 年的 307.1 亿元、2786.35 亿元和 2954.88 亿元，分别增长了 0.66 倍、0.95 倍和 1.90 倍，第三产业增速显著快于第一、第二产业，使该市的产业结构由典型的"二—三—一"结构向"三—二—一"结构演进，2021 年三次产业占比为 5.1∶46.1∶48.8。财政收支在 2011 年分别为 218.08 亿元和 264.37 亿元，到了 2021 年增加到 344.07 亿元和 684.87 亿元，分别增长了 57.77% 和 159.06%，财政支出增速显著快于财政收入，使得财政赤字由 2011 年的 46.29 亿元持续扩大到 340.8 亿元。2011—2021 年扬州市各项经济指标如表 4-9 所示，2020 年扬州市各辖区经济指标统计如表 4-10 所示。

表 4-9　2011—2021 年扬州市各项经济指标

年份	地区生产总值 /亿元	常住人口城镇化率	三次产业占比	城乡居民收入比	一般公共预算收支 /亿元	
					预算收入	预算支出
2011 年	2664.87	57.9%	6.92∶54.80∶38.28	2.07	218.08	264.37
2012 年	2974.55	58.8%	6.90∶53.59∶39.51	2.06	225.00	284.80
2013 年	3367.25	60.0%	6.32∶52.36∶41.32	2.01	259.26	319.28
2014 年	3750.13	61.2%	6.06∶51.56∶42.38	1.98	295.19	367.73
2015 年	4099.91	62.8%	6.40∶49.49∶44.10	1.98	336.75	442.78
2016 年	4539.12	64.4%	5.67∶49.85∶44.48	1.97	345.30	478.97
2017 年	5078.58	66.1%	5.28∶48.73∶45.99	1.97	320.18	507.64
2018 年	5478.74	67.1%	5.11∶47.84∶47.05	1.96	340.03	563.39
2019 年	5799.08	69.4%	5.05∶47.03∶47.92	1.96	328.79	611.95
2020 年	6048.33	71.0%	5.08∶46.07∶48.85	1.95	337.27	668.30
2021 年	6696.43	71.4%	5.10∶46.10∶48.80	1.86	344.07	684.87

注　2011—2020 年的数据来自《扬州统计年鉴》（2012—2021），2021 年数据来自《2021 年扬州国民经济与社会发展统计公报》。由于统计口径发生变化，2015 年之前使用公共财政预算收支，从 2015 年开始使用一般公共预算收支。

表 4-10　2020 年扬州市各辖区各项经济指标统计

辖区	辖区面积 / 平方千米	地区生产总值 / 亿元				常住人口 / 万人	一般公共预算收支 / 亿元		城镇居民人均可支配收入 / 元
		总规模	第一产业	第二产业	第三产业		预算收入	预算支出	
广陵区	335	843.48	10.38	327.97	505.13	—	43.41	57.50	50597
邗江区	641	1128.01	23.73	413.03	691.25	—	64.30	99.10	53008
江都区	1330	1114.91	73.39	544.95	496.57	—	55.69	116.74	48487
宝应县	1462	763.04	84.37	357.27	321.40	68.22	24.87	85.06	35799
仪征市	902	815.05	23.64	429.58	361.83	53.26	48.00	68.55	48005
高邮市	1922	838.18	90.17	410.73	337.28	70.96	37.91	83.17	41650

注　数据来源为《扬州统计年鉴》（2021）。因为开发区的数据单列，所以扬州市辖区的数据不包括开发区的部分。

（四）镇江市

曾作为民国时期江苏省省会的镇江市，位于长三角城市群的核心区，长江和京杭大运河在此交汇，与南京、扬州、常州、泰州和无锡接壤。该市下辖京口区、润州区和丹徒区等 3 区和丹阳市、扬中市和句容市 3 个县级市，全市面积 3847 平方千米，其中建成区面积 236.23 平方千米（2020年的数据）。较快的经济增长速度使镇江的经济规模不断扩大，地区生产总值由 2011 年的 2311.45 亿元增长到 2021 年的 4763.42 亿元，11 年间增长了 1.06 倍。经济发展吸引人口的积聚，常住人口由 2011 年的 313.43 万人增长到 2021 年的 321.72 万人，人口规模的绝对数字增加了 8.29 万人，增长了 2.64%。常住人口城镇化率由 2011 年的 63.02% 提升到 2021 年的 79.88%，上升了 16.86 个百分点。2011—2021 年城乡居民收入水平分别由 26637 元、12825 元增长到 59204 元、31354 元，城镇居民收入增长了 1.22 倍，农村居民收入增长了 1.44 倍，这使得城乡居民收入差距不断缩小，城乡居民收入比由 2.08 下降到 1.89，下降了 9.13%。2011—2021 年三次产业增加值分别由 100.77 亿元、1272.39 亿元和 938.29 亿元，增长到 157.02 亿元、2319.73 亿元和 2286.67 亿元，分别增长了 0.56 倍、0.82 倍和 1.44 倍，这种变动也改变着镇江市的产业结构，尽管整体上看仍表现为"二—三—一"结构（2021 年三次产业占比为 3.30∶48.70∶48.00），但向"三—二—一"结构转变的趋势已经形成。财政收支由 181.90 亿元、202.90 亿分别增加到 327.59 亿元、543.40 亿元，各自增长了 0.80 倍和 1.68 倍，这使得财政赤字由 2011 年的 21 亿元持续扩大到 215.81 亿元。2011—2021 年镇江市各项经济指标如表 4-11 所示，2020 年镇江市各辖区各项经济指标统计如表 4-12 所示。

表 4-11　2011—2021 年镇江市各项经济指标

年份	地区生产总值 / 亿元	常住人口城镇化率	三次产业占比	城乡居民收入比	一般公共预算收支 / 亿元	
					预算收入	预算支出
2011 年	2311.45	63.02%	4.36∶55.05∶40.59	2.08	181.90	202.90
2012 年	2630.42	64.35%	4.40∶53.97∶41.63	2.07	215.48	235.25
2013 年	2975.06	65.39%	3.74∶52.26∶44.00	2.06	254.52	286.23
2014 年	3252.44	66.63%	3.73∶50.15∶46.12	2.03	277.76	311.85
2015 年	3502.48	67.93%	3.79∶49.31∶46.90	2.01	302.85	348.73
2016 年	3833.84	69.18%	3.59∶48.79∶47.62	2.00	293.01	362.94
2017 年	4010.36	70.50%	3.55∶49.32∶47.13	2.00	284.34	386.63
2018 年	4050.00	71.24%	3.42∶48.80∶47.78	1.98	301.50	408.41
2019 年	4077.32	78.05%	3.44∶47.94∶48.61	1.97	306.85	466.25
2020 年	4220.09	79.45%	3.54∶47.12∶49.34	1.92	311.74	498.90
2021 年	4763.42	79.88%	3.30∶48.70∶48.00	1.89	327.59	543.40

注　2011—2020 年的数据来自《镇江统计年鉴》（2012—2021）。2021 年数据来自《2021 年镇江国民经济与社会发展统计公报》。由于统计科目发生变化，2015 年之前使用公共财政预算收支，从 2015 年开始使用一般公共预算收支。

表 4-12　2020 年镇江市各辖区各项经济指标统计

辖区	辖区面积/平方千米	地区生产总值/亿元				常住人口/万人	一般公共预算收支/亿元		城镇居民人均可支配收入/元
		总规模	第一产业	第二产业	第三产业		预算收入	预算支出	
京口区	341	449.48	0.83	116.06	332.59	35.58	21.70	21.05	54883
润州区	130	245.23	0.50	38.37	206.36	23.99	13.94	21.61	53723
丹徒区	611	414.03	21.71	205.88	186.44	34.74	23.89	31.88	52785
丹阳市	1047	1145.36	50.46	587.59	507.31	98.89	64.02	95.00	54315
扬中市	331	489.59	16.41	252.15	221.03	31.56	35.01	58.45	60050
句容市	1387	675.48	52.60	283.44	339.43	63.93	54.85	79.00	52802

注　数据来源于《镇江统计年鉴》（2021）。因为高新区和镇江新区的数据单列，所以镇江市辖区的数据里并不包含高新区和镇江新区的数据。

（五）芜湖市

江城芜湖一直有"长江巨埠、皖之中坚"的美誉，是我国 1992 年设立的首批 5 个沿江开放城市之一。该市是皖江城市带承接产业转移示范区、皖南国际文化旅游示范区和合芜蚌国家自主创新示范区的核心城市。芜湖市与合肥市、马鞍山、宣城市、池州市和铜陵市接壤，下辖 5 个区、1 个县和 1 个县级市，5 区为镜湖区、弋江区、鸠江区、湾沚区、繁昌区，1 县为南陵县，1 县级市为无为市，全市总面积 5987 平方千米，其中建成区面积为 293.90 平方千米（2020 年的数据）。经济的持续快速发展使得芜湖市的经济规模不断扩大，地区生产总值由 2011 年的 1658.24亿元增长到 2021 年的 4302.63 亿元，11 年间增长了 1.59 倍。人口规模呈现先增长后下降的趋势，拐点出现在 2019 年。常住人口由 2011 年的356.63 万人增长到 2019 年的 377.8 万人，随后下降到 2021 年的 367.23万人，总体来看人口规模是增长的（增长了 2.97%），但相比 2019 年的最高峰,人口规模出现净流出 10.57 万人。常住人口城镇化率由 2011 年的 56.30% 提升到 2021 年的 72.26%,上升了 15.96 个百分点。2011—2021 年农村居民收入由 8413.3 元增加到 27202 元,增长了 2.23 倍,芜湖市是南京都市圈 8 地级市中农村居民收入增长最快的城市;城镇居民收入由 21010.67 元增加到 48668 元,增长了 1.32 倍;农村居民收入的快速增长使得城乡居民收入差距不断缩小,城乡居民收入比由 2.50 下降到 1.79,下降了 28.4%。三次产业的增加值由 2011 年的 107.01 亿元、1092.55 亿元和 458.68 亿元,分别增加到 2021 年的 169.58 亿元、2048.96 亿元和 2084.09 亿元,分别增加了 0.58 倍、0.88 倍和 3.54 倍,第三产业规模的扩大使得第二产业比重在不断下降,产业结构由典型的 "二—三—一" 结构向 "三—二—一" 结构演进的趋势已经形成,2021 年三次产业占比为 3.94:47.62:48.44。财政收支分别由 2011 年的 139.97 亿元、238.18 亿元,增加到 2021 年 361.20 亿元、503.49 亿元,财政收入增长了 1.58 倍,财政支出增长了 1.11 倍。财政收入增长快于财政支出,使得财政赤字规模虽然持续扩大,但财政收入增速比财政支出的增速低,财政赤字由 2011 年的 98.21 亿元增长到 2021 年的 142.29 亿元,增长了 0.45 倍。2011—2021 年芜湖市各项经济指标如表 4-13 所示,2020 年芜湖市各辖区各项经济指标统计如表 4-14 所示。

表 4-13　2011—2021 年芜湖市各项经济指标

年份	地区生产总值 / 亿元	常住人口城镇化率	三次产业占比	城乡居民收入比	一般公共预算收支 / 亿元	
					预算收入	预算支出
2011 年	1658.24	56.30%	6.45:65.89:27.66	2.50	139.97	238.18
2012 年	1873.63	58.00%	6.27:65.87:27.86	2.94	178.92	302.21
2013 年	2099.53	59.40%	6.13:66.12:27.75	2.40	213.99	319.63
2014 年	2309.55	60.70%	5.11:63.91:30.98	1.87	233.54	346.65
2015 年	2457.32	61.96%	4.88:57.19:51.83	1.86	263.47	393.68

续表

年份	地区生产总值/亿元	常住人口城镇化率	三次产业占比	城乡居民收入比	一般公共预算收支/亿元	
					预算收入	预算支出
2016 年	2699.44	63.46%	4.70：55.80：39.50	1.87	298.72	409.44
2017 年	2963.26	65.05%	4.37：54.78：40.84	1.87	311.23	463.30
2018 年	3278.53	17.49%	4.06：52.18：47.82	1.87	318.12	457.04
2019 年	3586.46	66.41%	4.00：48.60：47.40	1.85	321.79	502.48
2020 年	3753.02	72.31%	4.30：47.62：48.07	1.82	331.37	485.64
2021 年	4302.63	72.26%	3.94：47.62：48.44	1.79	361.20	503.49

注　2011—2020 年的数据来自《芜湖统计年鉴》（2012—2021），2021 年数据来自《2021 年芜湖市国民经济与社会发展统计公报》。

表 4-14　2020 年芜湖市各辖区各项经济指标统计

辖区	辖区面积/平方千米	地区生产总值/亿元				常住人口/万人	一般公共预算收支/亿元		居民人均可支配收入/元
		总规模	第一产业	第二产业	第三产业		预算收入	预算支出	
镜湖区	121	666.61	2.66	104.01	559.94	45.90	33.85	34.21	49774
弋江区	473	469.55	3.51	261.09	204.95	24.88	25.48	25.23	46791
鸠江区	820	505.15	20.85	205.60	278.70	52.28	34.36	42.48	38989
湾沚区	667	330.02	22.57	171.46	135.98	34.86	31.74	47.72	33335
繁昌区	560	312.41	12.37	177.04	122.99	27.35	33.92	43.76	33706
南陵县	1263	281.41	36.02	119.76	125.64	54.62	21.48	39.90	32438
无为市	2083	511.04	56.13	248.12	206.78	119.55	26.51	66.22	29989

注　数据来源于《芜湖统计年鉴》（2021）。因为经开区和三山开发区的数据单列，所以芜湖市辖区的数据里并不包括经开区和三山开发区的数据。

（六）马鞍山市

钢城马鞍山自古有"金陵屏障、建康锁钥"的称谓，是长三角城市群中心区城市之一，是安徽融入长三角的桥头堡。该市与南京市、宣城市、芜湖市、合肥市和滁州市等城市接壤，下辖3区（即博望区、花山区、雨山区）、3县（当涂县、含山县与和县），全市总面积4042平方千米，其中建成区118.34平方千米（2020年的数据）。因所辖的含山县与和县的经济实力薄弱，马鞍山的经济规模增速相对较慢，仅比增速最低的镇江市略高一点，地区生产总值由2011年的1144.33亿元增长到2021年的2439.33亿元。常住人口呈现先递增后递减的趋势，由2011年的218.77万人增长到2019年的236.1万人，后又下降到2021年的215.7万人，2021年人口规模比2011年下降了3.07万人，比2019年下降了20.4万人，存在人口流失情况。常住人口城镇化率由2011年的59.40%提升到2021年的72.37%，上升了12.97个百分点。2011—2021年城镇居民收入由27329.4元增加到56440元，增长了2.07倍；农村居民收入由9504.78元增加到28331元，增长了2.98倍，增速仅次于芜湖市；城乡居民收入的这种变化，使得城乡居民收入差距在不断缩小，城乡居民收入比由2.88下降到1.99，下降了30.90%。2011—2021年第一、第二、第三产业的增加值由67.02亿元、779.04亿元和298.24亿元，分别增加到104.23亿元、1206.26亿元和1128.84亿元，分别增长了0.56倍、0.55倍和2.79倍，第一、第二、第三产业规模的变化使产业结构演进速度很快，尽管整体上仍然以第二产业为主，但向"三—二—一"结构演进的趋势显著，2021年三次产业的占比分别为4.27%、49.45%和46.28%。财政收支规模由91.44亿元、138.29亿元增加到196.53亿元、287.41亿元，分别增长了1.15倍和1.08倍，财政收入增长快而财政支出增长慢，使得财政赤字虽然持续扩大但增速下降，由2011年的46.85亿元增加到90.88亿元，增长了0.94倍。2011—2021年马鞍山市各项经济指标如表4-15所示，2020年马鞍山市各辖区各项经济指标统计如表4-16所示。

表 4-15　2011—2021 年马鞍山市各项经济指标

年份	地区生产总值 / 亿元	常住人口城镇化率	三次产业占比	城乡居民收入比	一般公共预算收支 / 亿元	
					预算收入	预算支出
2011 年	1144.33	59.40%	5.86∶68.08∶26.06	2.88	91.44	138.29
2012 年	1233.94	61.20%	5.95∶66.36∶27.69	2.83	127.82	190.37
2013 年	1293.02	62.60%	6.16∶64.51∶29.33	2.76	146.18	202.59
2014 年	1333.12	63.90%	5.78∶62.34∶31.88	2.18	121.05	182.46
2015 年	1365.34	65.15%	5.82∶56.66∶37.52	2.16	130.81	203.18
2016 年	1493.76	66.49%	5.61∶55.40∶38.99	2.15	140.32	213.70
2017 年	1710.09	67.89%	4.98∶56.22∶38.80	2.14	138.36	227.70
2018 年	1918.12	29.20%	4.53∶53.59∶41.88	2.13	151.02	226.56
2019 年	2085.64	69.12%	4.51∶48.44∶47.05	2.09	158.35	253.33
2020 年	2186.92	71.69%	4.54∶47.80∶47.66	2.04	169.54	264.82
2021 年	2439.33	72.37%	4.27∶49.45∶46.28	1.99	196.53	287.41

注　2011—2020 年的数据来自《马鞍山统计年鉴》（2012—2021），2021 年数据来自《2021 年马鞍山市国民经济与社会发展统计公报》。

表 4-16　2020 年马鞍山市各辖区各项经济指标统计

辖区	辖区面积 / 平方千米	地区生产总值 / 亿元				常住人口 / 万人	一般公共预算收支 / 亿元		居民人均可支配收入 / 元
		总规模	第一产业	第二产业	第三产业		预算收入	预算支出	
雨山区	164	225.67	2.45	61.62	161.60	45.1	12.78	13.11	64028
花山区	176	420.32	1.67	128.48	290.16	35.6	16.29	17.95	61589
博望区	351	131.90	9.35	65.86	56.70	15.8	14.19	13.37	38270

续表

辖区	辖区面积 / 平方千米	地区生产总值 / 亿元				常住人口 / 万人	一般公共预算收支 / 亿元		居民人均可支配收入 / 元
		总规模	第一产业	第二产业	第三产业		预算收入	预算支出	
当涂县	995	463.50	34.37	235.16	193.97	44.7	30.37	52.32	36816
含山县	1037	204.21	23.03	79.07	102.11	33.7	13.05	33.78	28686
和县	1319	266.75	28.36	97.00	141.39	41.1	23.96	50.25	30669

注　数据来源于《马鞍山统计年鉴》（2021）。因为开发区数据单列，所以马鞍山市辖区的数据不包括开发区的部分。

（七）滁州市

因"醉翁亭"而闻名的滁州位于安徽省最东端，是安徽东向发展的桥头堡，是长三角城市群核心区城市、皖江城市带承接产业转移示范区核心城市。该市与安徽省内的蚌埠市、淮南市、合肥市、马鞍山市和江苏省的淮安市、南京市毗邻，下辖2区（即琅琊区、南谯区）、4县（即来安县、全椒县、定远县和凤阳县）和2县级市（天长市和明光市），全市面积13398平方千米，其中建成区面积104平方千米。滁州市是南京都市圈内各成员经济增长速度最快的城市，11年来地区生产总值增长了2.95倍，由2011年的850.49亿元增加到2021年的3362.12亿元。人口规模呈现先递增后递减的趋势，拐点出现在2019年。2019年之前人口规模由393.13万人增长到414.7万人，此后递减到2021年的399万人，尽管整体上人口总量仍在增长（2021年比2011年增加了5.87万人），但人口净流出非常突出（下降了15.7万人）。常住人口城镇化率由2011年的43.40%提升到2021年的62.90%，上升了19.5个百分点，城镇化速度是都市圈内发展最快的，但与其他成员相比城镇化率仍然偏低。2011—2021年城乡居民收入水平由17917.77元、7017元分别增加到39025元、17400元，增加了 1.18 倍和 1.48 倍，居民收入这种"城市慢、农村快"的态势使得城乡居民收入差距在缩小，城乡居民收入比由 2011 年的 2.55 下降到 2021 年的 2.24，下降了 12.16%，但相比其他成员，滁州市的城乡居民收入差距仍然较大。三次产业的增加值由 173.29 亿元、439.65 亿元和 237.55 亿元增长到 287.9 亿元、1644.8 亿元和 1429.4 亿元，分别增长了 0.66 倍、2.74 倍和 5.02 倍。尽管第三产业发展迅速（增速是都市圈内各城市中最快的），但仍然没有改变滁州市第二产业占比高的态势，产业结构仍然是典型的"二—三—一"结构，2021 年三次产业比为 8.56∶48.92∶42.52，第二产业占比处于绝对高的地位。财政收入增长快而财政支出增长慢，使得该市的财政收支关系不断改善。2011 年财政收支分别为 73.86 亿元、183.25 亿元，到 2021 年增加到 250.92 亿元、461.72 亿元，财政收入增长了 2.40 倍，财政支出增长了 1.52 倍，财政赤字由 109.39 亿元增长到 210.8 亿元，增长了 0.93 倍。2011—2021 年滁州市各项经济指标如表 4-17 所示，2020 年滁州市各辖区各项经济指标统计如表 4-18 所示。

表 4-17　2011—2021 年滁州市各项经济指标

年份	地区生产总值/亿元	常住人口城镇化率	三次产业占比	城乡居民收入比	一般公共预算收支/亿元	
					预算收入	预算支出
2011 年	850.49	43.40%	20.38∶51.69∶27.93	2.55	73.86	183.25
2012 年	970.74	45.10%	19.86∶52.29∶27.85	2.11	96.94	231.03
2013 年	1086.14	46.50%	19.17∶53.00∶27.84	2.46	114.42	250.87
2014 年	1214.39	47.80%	17.63∶53.62∶28.75	2.41	123.63	268.85
2015 年	1305.7	49.02%	16.97∶50.32∶32.71	2.40	143.73	302.61
2016 年	1422.83	50.40%	15.85∶49.71∶34.44	2.40	167.31	335.05
2017 年	1604.39	51.89%	14.14∶50.85∶35.01	2.39	182.51	381.08
2018 年	1801.75	53.42%	12.25∶51.62∶36.13	2.39	199.28	404.12

续表

年份	地区生产总值 / 亿元	常住人口城镇化率	三次产业占比	城乡居民收入比	一般公共预算收支 / 亿元	
					预算收入	预算支出
2019 年	2888.71	54.54%	8.64：49.22：42.14	2.35	214.61	455.12
2020 年	3032.07	61.84%	8.96：48.74：42.30	2.29	226.02	462.94
2021 年	3362.12	62.90%	8.56：48.92：42.52	2.24	250.92	461.72

注 2011—2020 年的数据来自《滁州统计年鉴》（2012—2021），2021 年数据来自《2021 年滁州市国民经济与社会发展统计公报》。

表 4-18 2020 年滁州市各辖区各项经济指标统计

辖区	辖区面积 / 平方千米	地区生产总值 / 亿元				人口规模 / 万人	一般公共预算收支 / 亿元		居民人均可支配收入 / 元
		总规模	第一产业	第二产业	第三产业		预算收入	预算支出	
琅琊区	161	217.5	3.9	92.2	121.5	28.17	10.33	17.80	44541
南谯区	1238	228.4	18.7	95.6	114.0	28.55	17.28	29.43	28325
天长市	1770	549.3	39.2	335.9	174.2	63.11	41.20	69.86	31468
明光市	2335	246.7	41.5	71.4	133.8	64.34	18.50	45.92	23106
来安县	1481	327.0	26.2	157.3	143.5	48.42	20.66	40.18	25213
全椒县	1572	281.8	28.2	120.3	133.3	45.11	20.98	43.45	25150
定远县	2891	326.5	68.9	103.6	154.0	98.13	21.32	65.70	21211
凤阳县	1950	414.4	44.9	180.7	188.8	78.82	23.21	54.50	19825

注 数据来源于《滁州统计年鉴》（2021）。人口数据为年末户籍人口的数据，年鉴里没有公布县域常住人口的数据。因为开发区数据单列，所以滁州市辖区的数据不包括开发区的部分。

（八）宣城市

因为文房四宝中的"宣纸"而闻名天下的宣城历代为郡、州、府、路的治所，是安徽唯一紧邻苏、浙两省的城市，是安徽东向发展的桥头堡。该市是长三角城市群中心区城市、安徽省承接东部沿海地区产业转移的前沿阵地。宣城市与安徽省内的黄山市、池州市、芜湖市和马鞍山市，浙江省的湖州市和杭州市，江苏省的南京市、常州市和无锡市等城市接壤，下辖1区（即宣州区）、4县（即郎溪县、泾县、绩溪县、旌德县）和2县级市（即宁国市和广德市），全市面积12340平方千米，其中建成区面积64.5平方千米。宣城市的经济增速在都市圈内仅次于滁州市，2021年的地区生产总值比2011年增长了1.73倍，由2011年的671.39亿元增长到2021年的1833.92亿元。人口规模呈现出先递增后递减的趋势，但整体来看是下降的。人口总量由2011年的254.74万人增加到2019年的266.1万人，随后又下降到2021年的248.7万人，2021年比2011年下降了6.04万人，比2019年下降了17.4万人，人口净流出的趋势非常明显。常住人口城镇化率由2011年的45.00%提升到2021年的61.75%，上升了16.75个百分点，尽管城镇化率提升很快，但城镇化水平是都市圈内最低的。2011—2021年城乡居民的可支配收入由17994.64元、7844.39元增加到46115元、20565元，分别增长了1.56倍、1.62倍，增速与都市圈内各城市相比都是较高的。城乡居民收入比由2.29下降到2.24，下降了2.18%，城乡居民收入差距也是都市圈内最大的城市。2011—2021年三次产业的增加值由102.07亿元、349.94亿元和219.38亿元，增加到172亿元、890.7亿元和771.2亿元，分别增长了0.69倍、1.55倍和2.52倍。第三产业的快速增长也没有改变宣城市第二产业占绝对地位的产业结构，2021年三次产业占比为9.38%、48.57%和42.05%，仍然是典型的"二—三—一"结构。不过，向"三—二—一"结构演进的趋势已然显现。就财政收支而言，2011年实现财政收入68.36亿元，安排了142.18亿元财政支出，而在2021年财政收入增长到182.83亿元，财政支出增加到315.24亿元，财政收支分别增长了1.67倍和1.22倍，财政收支的这种变动使得财政赤字虽然仍持续扩大（由 2011 年的 73.82 亿元增长到 132.41 亿元），但增幅变小（增长了 0.79 倍，低于财政收入和财政支出的增长水平）。2011—2021 年宣城市各项经济指标如表 4-19 所示，2020 年宣城市各辖区各项经济指标统计如表 4-20 所示。

表 4-19　2011—2021 年宣城市各项经济指标

年份	地区生产总值 /亿元	常住人口城镇化率	三次产业占比	城乡居民收入比	一般公共预算收支 /亿元	
					预算收入	预算支出
2011 年	671.39	45.00%	15.20∶52.12∶32.68	2.29	68.36	142.18
2012 年	757.46	46.70%	14.74∶52.16∶33.10	2.27	86.94	178.68
2013 年	842.83	48.10%	14.22∶52.55∶33.23	2.22	107.67	205.18
2014 年	917.63	49.30%	12.85∶51.40∶35.75	2.34	120.22	222.50
2015 年	971.46	50.64%	12.50∶47.58∶40.62	2.32	131.56	243.21
2016 年	1057.82	52.14%	12.06∶47.47∶40.47	2.31	139.32	254.77
2017 年	1185.56	53.69%	11.05∶47.95∶41.00	2.30	142.97	273.33
2018 年	1317.23	20.85%	10.28∶48.71∶41.01	2.30	153.07	289.36
2019 年	1557.44	56.33%	9.62∶47.30∶43.08	2.28	165.07	325.64
2020 年	1607.54	60.82%	10.06∶47.18∶42.76	2.23	168.42	324.81
2021 年	1833.92	61.75%	9.38∶48.57∶42.05	2.24	182.83	315.24

注　2011—2020 年的数据来自《宣城统计年鉴》（2012—2021），2021 年数据来自《2021 年宣城市国民经济与社会发展统计公报》。

表 4-20 2020 年宣城市各辖区各项经济指标统计

辖区	辖区面积 / 平方千米	地区生产总值 / 亿元				人口规模 / 万人	一般公共预算收支 / 亿元		居民人均可支配收入 / 元
		总规模	第一产业	第二产业	第三产业		预算收入	预算支出	
宣州区	2533	436.21	47.51	168.46	220.24	85.95	29.52	55.09	31456
宁国市	2447	384.64	25.78	222.84	136.03	38.17	30.98	46.53	38288
广德市	2165	329.64	26.54	15.70	146.12	51.66	28.65	50.97	33752
郎溪县	1105	183.60	19.23	97.77	66.61	34.63	20.85	35.32	27414
泾县	2059	130.21	19.90	50.53	59.79	34.78	15.32	37.89	24527
旌德县	905	54.92	8.46	22.38	24.09	17.24	6.42	16.49	26099
绩溪县	1126	88.32	14.31	39.55	34.46	14.75	8.22	19.03	21803

注　数据来源于《宣城统计年鉴》(2021)。人口数据为年末户籍人口的数据,年鉴里没有公布县域常住人口的数据。因为开发区数据单列,分区数据不包括开发区的部分。

(九)金坛区和溧阳市

南京都市圈内仅有的两个县级行政区——金坛区和溧阳市隶属常州市,位于长三角城市群中心区,是苏锡常都市圈的核心成员,与上海都市圈、南京都市圈等距相望。金坛区全域面积 975.68 平方千米,其中建成区面积 89.8 平方千米。2011—2021 年,地区生产总值由 365.13 亿元增长到 1101.09 亿元,增长了 2.02 倍;常住人口城镇化率由 55.38% 上升到 66.47%,提高了 11.09 百分点。农村居民收入由 2011 年的 13812 元增长到 2021 年的 33796 元,增长了 1.45 倍;城镇居民收入由 2011 年的 28087 元增长到 2021 年的 62316 元,增长了 1.22 倍;农村居民收入增长快于城镇居民,使城乡居民收入比由 2.03 下降到 1.84,下降了 9.36%。

一般公共预算收入由 2011 年的 23.08 亿元增长到 2021 年的 60.03 亿元，增加了 1.60 倍；支出由 2011 年的 29.72 亿元增长到 2020 年的 87.15 亿元，增长了 1.93 倍；财政支出增长高于财政收入，使得财政赤字规模不断扩大，财政赤字由 2011 年的 6.64 亿元扩大到 2020 年的 31.33 亿元。第一产业增加值由 2011 年的 24.1 亿元增长到 2021 年的 40.63 亿元，增长了 0.69 倍；第二产业增加值由 2011 年的 203.9 亿元增长到 2021 年的 571.57 亿元，增长了 1.80 倍；第三产业增加值由 2011 年的 137.1 亿元增长到 2021 年的 488.89 亿元，增长了 2.57 倍；尽管第三产业增长快于第一、第二产业，但金坛区的产业结构仍以第二产业为主导，没有显著变化，2021 年三次产业占比为 3.69∶51.91∶44.40。

溧阳市全域面积 1535 平方千米，其中建成区面积为 81.2 平方千米。2011—2021 年，地区生产总值由 503.78 亿元增长到 1261.30 亿元，增长了 1.50 倍；常住人口城镇化率由 51.61% 上升到 64.09%，提高了 12.48 百分点。农村居民收入由 2011 年的 13505 元增长到 2021 年的 33371 元，增长了 1.47 倍；城镇居民收入由 2011 年的 26418 元增长到 2021 年的 60560 元，增长了 1.29 倍；农村居民收入增长快于城镇居民，使城乡居民收入比由 1.96 下降到 1.81，下降了 7.65%。一般公共预算收入由 2011 年的 37.13 亿元增长到 2021 年的 87.33 亿元，增加了 1.35 倍；支出由 2011 年的 44.32 亿元增长到 2020 年的 116.20 亿元，增长了 1.62 倍；财政支出增长快于财政收入，使得财政赤字规模不断扩大，财政赤字由 2011 年的 7.19 亿元扩大到 2020 年的 42.4 亿元。第一产业增加值由 2011 年的 34.49 亿元增长到 2021 年的 56.8 亿元，增长了 0.65 倍；第二产业增加值由 2011 年的 283.92 亿元增长到 2021 年的 648.81 亿元，增长了 1.29 倍；第三产业增加值由 2011 年的 185.37 亿元增长到 2021 年的 555.69 亿元，增长了 2.00 倍；尽管第三产业增长快于第一、第二产业，但溧阳市的产业结构仍以第二产业为主导，2021 年三次产业占比为 4.50∶51.44∶44.06，第二产业占比绝对高。

2011—2021 年金坛区和溧阳市各项经济指标如表 4-21 所示。

表 4-21　2011—2021 年金坛区和溧阳市各项经济指标

区域	年份	地区生产总值 / 亿元	常住人口城镇化率	三次产业占比	城乡居民收入比	一般公共预算收支 / 亿元	
						预算收入	预算支出
金坛区	2011 年	365.13	55.38%	6.60 : 55.85 : 37.55	2.03	23.08	29.72
	2012 年	373.81	54.09%	7.25 : 53.06 : 39.69	2.03	23.11	31.72
	2013 年	406.12	56.09%	7.42 : 52.09 : 40.49	1.98	25.89	33.30
	2014 年	471.48	58.03%	6.91 : 51.09 : 42.00	1.97	30.12	37.46
	2015 年	525.49	60.04%	6.15 : 50.64 : 43.21	2.00	36.15	46.59
	2016 年	600.02	61.00%	5.64 : 50.37 : 43.99	1.94	43.38	52.98
	2017 年	708.34	62.00%	4.98 : 50.54 : 44.48	1.94	51.19	67.53
	2018 年	801.93	62.51%	4.49 : 50.31 : 45.20	1.93	56.55	73.66
	2019 年	908.58	64.03%	4.05 : 52.05 : 43.90	0.52	57.73	81.14
	2020 年	973.15	65.81%	3.99 : 50.80 : 45.21	1.87	55.82	87.15
	2021 年	1101.09	66.47%	3.69 : 51.91 : 44.40	1.84	60.03	—
溧阳市	2011 年	503.78	51.61%	6.85 : 56.35 : 36.80	1.96	37.13	44.32
	2012 年	559.22	52.91%	6.98 : 54.82 : 38.20	1.94	40.50	45.84
	2013 年	637.23	55.02%	6.69 : 53.11 : 40.20	1.93	45.60	52.01
	2014 年	716.29	57.10%	6.43 : 52.07 : 41.50	1.95	50.62	57.01
	2015 年	738.15	59.00%	6.27 : 49.73 : 44.00	0.52	56.19	61.38
	2016 年	801.26	60.02%	6.03 : 48.96 : 45.01	1.92	59.00	69.44

续表

区域	年份	地区生产总值/亿元	常住人口城镇化率	三次产业占比	城乡居民收入比	一般公共预算收支/亿元	
						预算收入	预算支出
溧阳市	2017 年	858.04	60.21%	5.90∶48.61∶45.49	1.92	61.38	81.63
	2018 年	935.51	60.41%	5.46∶48.52∶46.02	1.91	66.29	87.17
	2019 年	1010.54	63.00%	5.16∶50.86∶43.98	1.89	70.27	101.91
	2020 年	1086.36	63.12%	5.01∶49.71∶45.28	1.84	73.80	116.20
	2021 年	1261.30	64.09%	4.50∶51.44∶44.06	1.81	87.33	—

注 2011—2020 年的数据来自《常州统计年鉴》（2012—2021），2021 年数据来自《2021 年金坛区国民经济与社会发展统计公报》和《2021 年溧阳市国民经济与社会发展统计公报》，2021 年两地的《统计公报》没有公布一般公共预算支出的数据。

第五章　南京都市圈经济高质量发展的SWOT分析

第一节　南京都市圈经济高质量发展的优势

继南京都市圈获批第一个国家级都市圈后，国家发展和改革委员会又批复了福州（2021年6月）、成都（2021年11月）、长株潭（2022年1月）、西安（2022年2月）、重庆（2022年8月）等国家级都市圈。与已经获批的其他5个国家级都市圈相比，南京都市圈优势明显（注：2022年12月武汉都市圈获国家批复，此时本书已进入收尾阶段，故本书未能展开与武汉都市圈的比较分析）。

一、优越的区位优势

南京都市圈承东启西、联北接南的区位优势，被定位为长江经济带一个节点性都市圈，成为辐射中西部的门户，将东部先进发达的生产要素向中西部地区辐射，将中西部地区丰富的资源优势向东部地区传输，都需要经由南京都市圈传递。

（一）地理区位

首先，地处苏皖浙三省交会区域的南京都市圈是东部地区和中部地区的接合部，北方区域和南方区域的交会地。从东西看，南京都市圈连接长三角核心区和皖江城市带，连接长三角城市群和长江中游城市群、长江上游城市群。从南北看，南京都市圈处于京沪客运通道的节点。其次，南京被国家定位为长三角城市群的唯一特大城市，是长江经济带的四大区域中心之一（长江上游的成渝、中游的武汉、下游的南京和上海），以南京为中心200千米范围内有7个地级市、60个县级行政单位，呈现众星拱月的态势，此种格局为南京都市圈的发展提供了良好的条件。

（二）交通区位

从水路交通上看，长江、淮河黄金水道穿区域而过，南京都市圈内除宣城之外的所有城市都拥有优越的内河港口，南京港是水陆联运和江海中转的枢纽港，芜湖港是溯江而上最后一个深水港，此外马鞍山港、镇江港都属于长江十大港口，扬州港沟通长江、京杭大运河和淮河三大水系。从陆路交通上看，高铁京沪（杭）通道、京台通道与沪汉蓉通道在此交会，规划中的北沿江高铁、宁淮高铁、宁宣高铁和合新高铁，建设中的南沿江高铁，都在区域内通过。高速公路沪陕、沪蓉与京沪（杭）、京台在此交会，规划中都市圈高速环线将各城市串联起来，同时，在建和规划中的多个过江通道沟通大江南北，能有效推动南京都市圈的发展。从空中交通看，南京都市圈内有禄口机场、芜宣机场、扬泰机场、涟水机场和奔牛机场五大机场，其中禄口机场是国家干线机场、国家大型枢纽机场。

二、良好的经济基础

首先，都市圈辖区面积大小意味着推动经济发展的经济腹地的广阔与否。从经济腹地上看，南京都市圈的区域面积为65482平方千米，远超其他 5 个都市圈（福州都市圈的面积为 56340 平方千米，重庆都市圈的面积为 35036.97 平方千米，西安都市圈的面积甚至只有 20000 平方千米），南京的经济腹地广阔，为都市圈经济发展提供了广阔的空间。此外南京都市圈位于长江中下游的平原地区，工业基础雄厚、农业发达、服务业发展迅猛，未来发展的后劲相对比较足。

其次，从人口规模上看，南京都市圈的人口集聚能力要显著强于其他 5 个都市圈。2021 年，南京都市圈的常住人口规模为 3529 万人，约为福州都市圈、长株潭都市圈和西安都市圈的 2 倍，也超出成都都市圈和重庆都市圈约 500 多万人和 1100 万人。从中心城市对人口吸引力上看，南京对人口的吸引力要逊于长沙市、西安市、成都市，但要强于福州市和重庆市。通过对比户籍人口与常住人口的数据可以反映出各城市对人口的吸引力情况，2020 年南京市的人口净增加了 209.4 万人，这一数据要逊于长沙市的 258.79 万人、西安市的 319 万人和成都市的 575.01 万人，但综合考虑到总面积，南京市对人口吸引力要显著强于其他各中心城市。这一数据要高于福州市的 116.59 万人，2020 年福州市的常住人口和户籍人口分别为 832 万人和 715.41 万人。

最后，从经济规模上看，无论是地区生产总值的总量还是地区生产总值的人均量，南京都市圈的经济规模都要领先于其他 5 个都市圈。2021 年，南京都市圈的地区生产总值约为西安都市圈的 3.59 倍，约为福州都市圈和长株潭都市圈的 2.40 倍，约为成渝两大都市圈的 1.87 倍和 1.59 倍。南京都市圈的人均 GDP 超出长株潭都市圈和福州都市圈 14.76 个百分点和 18.99 个百分点，更是超过西安都市圈和重庆都市圈近 1 倍。南京都市圈对其他 5 个都市圈的领先优势非常显著，见表 5-1。这样雄厚的经济基础，为南京都市圈在推进经济高质量发展奠定了良好的经济基础。

表 5-1　2021 年国家级 6 大都市圈的经济基础比较

都市圈	辖区		总面积 /平方千米	人口规模 /万人	经济规模		国家级开发区 /个
	区 / 个	县 / 个			地区生产总值 /亿元	人均地区生产总值 /万元	
南京都市圈	33	27	65482	3529	46016	13.22	10
福州都市圈	14	24	56340	1784	19339	11.11	3
成都都市圈	17	18	33136	2991	25012	8.41	3
长株潭都市圈	13	10	28087	1667	19239	11.52	5
西安都市圈	16	8	20000	1800	15796	7.22	3
重庆都市圈	23	4	35037	2440	29311	7.99	4
全国	—	—	—	141260	1143670	8.10	

注　经济规模的数据来源于各城市的 2021 年国民经济与社会发展统计公报。都市圈内辖区的数量来源于国家发展和改革委员会批复的发展规划。人口规模的数据为常住人口的数据，广安的人口数据为户籍人口数据（广安的统计公报里没有公布常住人口数据）。

三、支撑高质量发展的动力充足

创新是发展的第一动力。推进高质量发展就要深入实施创新驱动的发展战略。习近平总书记在 2022 年 8 月考察辽宁时再次强调"创新"的重要性。这里使用专利的申请数量和授权数量反映地区创新水平的高低，从数据上看，无论是从都市圈层面上看，还是从圈内各城市层面上看，南京都市圈的创新水平均远远超过其他都市圈。2021 年，除宣城之外，南京都市圈内其他各城市所申请的专利数量均超过 1 万件，即便是创新活力最低的宣城，其年专利申请数量也接近 8000 件，这个数字要远超其他都市圈除中心城市之外的城市。就中心城市而言，2020 年，南京的专利申请量超过了 12.09 万件，是成都（其他五大都市圈申请专利数量最多的中心城市）的 1.22 倍。根据中国社会科学院财经战略研究院《中国城市竞争力第 19

次报告》的数据，南京以 0.715 的指数值排在全国第 8 位，要领先于成都
（0.691）、西安（0.659）、长沙（0.614）、重庆（0.609）和福州（0.543）。

习近平总书记在参加十三届全国人大一次会议广东代表团审议时，强调"发展是第一要务，人才是第一资源，创新是第一动力"，再次阐述了"人才"的重要性。以人才支撑发展，关键在于教育水平的高低。这里以驻区高校的数量和在校大学生的数量为指标衡量人力资本水平高低，与其他都市圈内高等学校主要集中在核心城市不同，南京都市圈内各城市也布局了数量不少的高校（除了宣城）。就中心城市而言，虽然南京的高校数量并不是最多的，但教育水平却具有压倒性优势，其所拥有的双一流高校是最多的。根据教育部的数据，这 6 大中心城市中高校（包括本科院校和高职高专学校）最多的是重庆，随后是成都和西安，分别为 68 所、65 所和 63 所。长沙和南京的高校数量旗鼓相当，分别为 52 所和 53 所，最少的是福州，仅有 34 所。就双一流高校而言，南京的双一流高校有 13 所（其中 2 所一流大学建设高校，11 所一流学科建设高校），数量远超其他 5 个中心城市（成都和西安分别为 7 所）。就在校生人数而言，2020 年南京在校大学生为119.50 万人，超过成都的 103.9 万人和重庆的 99.87 万人，在校生人数最少的福州仅有 36.37 万人。2020 年 6 个国家级都市圈及中心城市创新能力与人力资源情况对比如表 5-2 所示。

表 5-2　2020 年 6 个国家级都市圈及中心城市创新能力与人力资源情况对比

都市圈		专利申请量 / 件	专利授权量 / 件	高等教育	
				高校数量 / 所	在校生 / 万人
南京都市圈	南京市	120938	76323	53（"双一流"13 所）	119.50
	淮安市	15989	11768	7	8.99
	扬州市	39039	28486	9	9.92
	镇江市	28110	19814	8	10.85
	滁州市	14279	8654	4	6.19
	芜湖市	21351	13228	9	14.87
	马鞍山市	15561	7829	6	6.62
	宣城市	7963	5320	1	1.18

续表

都市圈		专利申请量/件	专利授权量/件	高等教育	
				高校数量/所	在校生/万人
福州都市圈	福州市	36083	25535	34（"双一流"1所）	36.37
	莆田市	5931	4580	2	3.03
	宁德市	4712	4094	2	1.72
	南平市	4264	2849	4	3.62
长株潭都市圈	长沙市	14423	——	52（"双一流"4所）	69.74
成都都市圈	成都市	99110	65453	65（"双一流"7所）	103.9
西安都市圈	西安市	31376	41387	63（"双一流"7所）	76.49
重庆都市圈	重庆市	29023	55436	68（"双一流"2所）	99.87

注　数据主要来源于各城市 2021 年的《统计年鉴》，部分数据来源于 2020 年度《国民经济与社会发展统计公报》。囿于数据的可得性，只能获得南京都市圈和福州都市圈内各城市的数据，其他都市圈只对中心城市进行比较分析。

四、产业结构更合理，城乡差距更小

判断一个地区的产业结构是否合理，一方面要看该地区的产业结构与地区经济发展的水平是否相匹配（即看它与自身的发展阶段是否相适应），另一方面要参考国际通行的检验标准。无论是站在都市圈整体层面上看，还是站在中心城市上看，南京都市圈的经济发展水平已经达到高收入国家水平（世界银行划分高收入国家的标准为 12536 美元，而南京都市圈整体的人均地区生产总值为 1.93 万美元、南京市的人均地区生产总值为 2.55 万美元）。从三次产业增加值的构成上看，南京都市圈整体的产业结构已经超出了中低收入水平，中心城市南京的产业结构已经接近中高收入水平了。不过，与参考标准相比，南京的第二产业相对偏高。对比经济发展阶段和产业结构的国际标准，长株潭都市圈和成都都市圈的产业结构要比南京都市圈更加合理，但从增加值的绝对值上看，南京都市圈要显著高于长株潭都市圈和成都都市圈，这说明后二者的产业结构是一种低水平均衡，南京都市圈的产业结构更加合理（如表 5-3 所示）。

表 5-3　2021 年各都市圈及中心城市的产业结构对比

都市圈		人均地区生产总值	第一产业比重	第二产业比重	第三产业比重
南京都市圈	都市圈整体	12.97 万元 /1.893 万美元	0.044	0.433	0.523
	南京市	17.45 万元 /2.547 万美元	0.019	0.361	0.620
福州都市圈	都市圈整体	11.11 万元 /1.622 万美元	0.076	0.426	0.498
	福州市	13.53 万元 /1.975 万美元	0.056	0.379	0.565
长株潭都市圈	都市圈整体	11.52 万元 /1.682 万美元	0.045	0.425	0.530
	长沙市	12.96 万元 /1.892 万美元	0.032	0.396	0.572
成都都市圈	都市圈整体	8.41 万元 /1.228 万美元	0.051	0.330	0.619
	成都市	9.46 万元 /1.381 万美元	0.029	0.307	0.664
西安都市圈	都市圈整体	7.22 万元 /1.054 万美元	0.071	0.363	0.566
	西安市	9.37 万元 /1.368 万美元	0.029	0.335	0.636
重庆都市圈	都市圈整体	7.99 万元 /1.166 万美元	0.074	0.398	0.528
	重庆市	8.69 万元 /1.269 万美元	0.069	0.401	0.530

续表

都市圈		人均地区生产总值	第一产业比重	第二产业比重	第三产业比重
国际标准	高收入国家	大于 12536 美元	0.02	0.26	0.72
	中高收入国家	4046~12535 美元	0.06	0.31	0.63
	中低收入国家	1036~4045 美元	0.12	0.43	0.45
	低收入国家	小于 1035 美元	0.20	0.52	0.28

注 国际标准来自世界银行 2020 年《世界发展报告》。各都市圈的数据为 2021 年的数据，来自各市 2021 年《国民经济与社会发展统计公报》。人民币与美元之间的汇率按 1∶6.85 换算。

解决"三农"问题的关键在于农民增收。进入 21 世纪以来，农民居民的收入水平不断上升，收入的增速已经超过了城镇居民的收入增速，但总体来看仍然是偏低的。从城乡居民收入比上看，无论是都市圈整体还是中心城市，南京都市圈的城乡居民收入比（即城镇常住人口人均可支配收入／农村常住人口人均可支配收入）均低于全国平均水平，城乡收入差距小于全国水平。根据表 5-4 所示，2021 年全国的城乡居民收入比为 2.50，而南京都市圈整体的城乡居民收入比为 1.97，中心城市南京的城乡居民收入比为 2.25。但这并不能说南京都市圈的城乡发展更均衡，因为这个数字远高于发达国家 1.5 的水平，韩国为 1.19（2000 年数据）、美国为 1.31（2001 年数据）。如果与国际标准（国际上一般以 2 作为标准）作对比，南京都市圈的城乡居民收入比低于国际通行标准，南京市的城乡居民收入比高于国际通行标准。对比六大都市圈，可以发现长株潭都市圈和成都都市圈的城乡收入比要好于南京都市圈，但从城乡居民的人均可支配收入的绝对值上看，南京都市圈要高于这两个都市圈，而且南京都市圈的经济基础好，其发展潜力更好。

表 5-4 2021 年各都市圈产业结构与城乡居民收入的对比

都市圈		产业结构				城乡居民可支配收入		
		第一产业增加值/亿元	第二产业增加值/亿元	第三产业增加值/亿元	三次产业占比	城镇居民/元	农村居民/元	城乡收入比
全国		83086	450904	609680	7∶39∶54	47412	18931	2.50
南京都市圈	南京市	303.94	5902.65	10148.73	1.9∶36.1∶62	73593	32701	2.25
	淮安市	423.32	1889.21	2237.6	9.3∶41.5∶49.2	43954	21884	2.01
	扬州市	307.12	2786.35	2954.88	5.1∶46.1∶48.8	47202	24813	1.90
	镇江市	157.02	2319.73	2286.67	3.3∶48.7∶48	59204	31354	1.89
	芜湖市	169.58	2048.96	2084.09	3.9∶47.6∶48.5	48668	27202	1.79
	马鞍山市	104.23	1206.26	1128.84	4.3∶49.5∶46.2	56440	28331	1.99
	滁州市	287.91	1644.81	1429.4	8.6∶48.9∶42.5	39025	17400	2.24
	宣城市	172.03	890.71	771.2	9.4∶48.6∶42	46115	20565	2.24
	金坛区	40.63	571.57	488.89	3.7∶51.9∶44.4	62316	33796	1.84
	溧阳市	56.8	648.81	555.69	4.5∶51.4∶44.1	60560	33371	1.81
	都市圈	2022.58	19909.06	24085.99	4.4∶43.3∶52.3	51501	27142	1.89
福州都市圈	福州市	637.03	4289.82	6397.66	5.6∶37.9∶56.5	53421	25201	2.12
	莆田市	136.63	1506.48	1239.85	4.7∶52.3∶43	44101	22892	1.93
	宁德市	359.82	1746.16	1045.12	11.4∶55.4∶33.2	40615	21282	1.91
	南平市	346.36	754.55	1016.67	16.4∶35.6∶48	39353	20431	1.93
	都市圈	1343.21	8297.01	9699.30	7.6∶42.6∶49.8	44373	22453	1.98

续表

都市圈		产业结构				城乡居民可支配收入		
		第一产业增加值/亿元	第二产业增加值/亿元	第三产业增加值/亿元	三次产业占比	城镇居民/元	农村居民/元	城乡收入比
长株潭都市圈	长沙市	425.56	5251.3	7593.85	3.2∶39.6∶57.2	62145	38195	1.63
	株洲市	259.42	1627.72	1533.2	7.6∶47.6∶44.8	52399	25657	2.04
	湘潭市	172.11	1313.82	1062.4	6.8∶51.6∶41.7	44772	25036	1.79
	都市圈	857.09	8192.84	10189.45	4.5∶42.6∶53	53105	29629	1.79
成都都市圈	成都市	582.82	6114.31	13219.9	2.9∶30.7∶66.4	52633	29126	1.81
	德阳市	281.33	1283.32	1091.91	1.06∶48.3∶41.1	42764	21858	1.96
	眉山市	229.81	596.58	721.49	1.48∶38.5∶46.6	42137	21771	1.94
	资阳市	173.32	262.50	454.7	1.95∶29.5∶51	40636	21023	1.93
	都市圈	1267.28	8256.71	15488	5.1∶33∶61.9	44543	23445	1.90
西安都市圈	西安市	308.82	3585.23	6794.26	2.9∶33.5∶63.6	46931	17389	2.70
	咸阳市	383.61	1189.71	1008.00	1.49∶46.1∶39	40846	14283	2.86
	铜川市	33.38	180.01	226.02	7.6∶41∶51.4	36588	12248	2.99
	渭南市	399.96	779.60	907.65	19.2∶37.3∶53.5	37772	15184	2.49
	都市圈	1125.77	5734.55	8935.93	7.1∶36.3∶56.6	40534	14776	2.74
重庆都市圈	重庆市	1922.03	11184.94	14787.05	6.9∶40.1∶53	43502	18100	2.40
	广安市	243.50	472.20	702.10	17.2∶33.3∶49.5	41307	19752	2.09
	都市圈	2165.53	11657.14	15489.15	7.4∶39.8∶52.8	42404	18926	2.24

注 数据来源于各市的《国民经济与社会发展统计公报》。受县域数据不可得，成都都市圈、西安都市圈和福州都市圈相关数据使用地级市的数据，不太能准确反映这些都市圈的全貌。

第二节　南京都市圈经济高质量发展的劣势

一、都市圈总体实力有待增强

尽管从中心城市看，南京都市圈的各项经济指标均不逊于同处于长三角地区的上海都市圈、苏锡常都市圈、宁波都市圈。但由于中心城市的辐射和带动作用有限，无论是人均地区生产总值水平、城镇化率、城镇密度等数量指标，还是城乡居民收入比、三次产业结构等质量指标，南京都市圈整体上和长三角中心区的其他都市圈相比仍有较大差距。

（一）地区经济发展水平

这里使用人均地区生产总值这一指标对各都市圈经济发展水平作对比。尽管从成员数量上看，上海都市圈比南京都市圈还要多，但由于圈内各城市的经济发展水平相对均衡，上海都市圈人均地区生产总值显著高于南京都市圈，2021 年上海都市圈的人均地区生产总值为 13.54 万元，南京都市圈的人均地区生产总值为 10.70 万元，前者是后者的 1.27 倍。不过，上海都市圈还不是最高的，人均水平最高的是苏锡常都市圈。2020 年苏锡常都市圈的人均地区生产总值达到 15.74 万元，是南京都市圈的 1.47 倍。就连经济发展水平相对较弱的宁波都市圈，2020 年的人均地区生产总值也超过南京 6.73%。

（二）城镇发展水平

这里分别从城镇化率和城镇密度两个方面考察城镇发展水平。2020 年的南京都市圈整体平均城镇化率为 0.712，除了略高于宁波都市圈的 0.706 之外，南京都市圈的城镇化率比上海都市圈和苏锡常都市圈均要低，后二者的城镇化率分别为 0.764 和 0.810。就城镇密度而言，2020 年南京都市圈每平方千米拥有城镇的数量为 6.92，与此同时上海都市圈的为 9.82、苏锡常都市圈的为 10.00，宁波都市圈的为 8.16，比南京都市圈分别高出 41.91%、44.51% 和 17.92%。

（三）城乡居民收入比

统计数据显示，长三角地区的四大都市圈中，南京都市圈的城乡居民收入比（为1.97）要显著高于其他三个都市圈，其中上海都市圈为1.80，苏锡常都市圈为1.86，宁波都市圈为1.76，南京都市圈比这些都市圈分别高出9.44%、5.91%和11.93%。这显示出南京都市圈的城乡经济发展不均衡，未来城乡协调发展将是南京都市圈推进经济高质量发展需要重点解决的问题。

（四）三次产业结构

从三次产业结构水平上看，南京都市圈和宁波都市圈的产业结构较为相近，前者为4.4∶43.3∶52.3，后者为4∶44.6∶51.2，参考国际标准，尚处于中低收入国家的产业结构水平。而与此同时，上海都市圈和苏锡常都市圈的产业结构已经由中低收入向中高收入迈进了，前者为1.5∶39.9∶58.6，后者为1.2∶46.5∶52.3。

表5-6　2021年南京都市圈与长三角中心区各都市圈的经济水平对比

都市圈		人均地区生产总值/万元	城镇化率	城乡居民收入比	三次产业占比	城镇密度/个·平方千米$^{-1}$
南京都市圈	都市圈	10.70	0.712	2.05	4.4∶43.3∶52.3	6.92
	南京市	15.93	0.868	2.28	1.9∶36.1∶62	2.58
上海都市圈	都市圈	13.54	0.764	1.80	1.5∶39.9∶58.6	9.82
	上海市	15.58	0.893	3.60	0.3∶0.26.4∶73.3	19.24
苏锡常都市圈	都市圈	15.74	0.810	1.86	1.2∶46.5∶52.3	10.00
	苏州市	15.85	0.817	1.89	1∶46.5∶52.5	7.19
宁波都市圈	都市圈	11.42	0.706	1.76	0.4∶44.6∶51.2	8.16
	宁波市	13.26	0.780	1.73	3.7∶45.9∶51.4	8.45

注　数据来源于长三角三省一市的2021年度《统计年鉴》。城镇化率为城镇常住人口占所在地区常住人口的比重。城镇密度统计的是县级行政机构和建制镇，不包括街道办事处和乡。

二、区域经济发展不平衡

南京都市圈连南接北、承东启西，连接着中国经济最发达的苏南地区和欠发达的中西部地区，是长三角地区带动中西部地区发展的重要传导区域。经过数十年的发展，南京都市圈经济发展取得了长足的进步，但区域内各城市经济发展的差距也非常明显。

（一）区域经济发展显著不均衡

从经济总量上看，南京都市圈呈现出"东高西低"的发展格局。数据显示，江苏省城市经济总量显著领先于安徽省的城市，前者所辖城市的经济总量均超过 4000 亿元，后者下辖的城市只有芜湖市的地区生产总值的规模可以与江苏省的镇江市和淮安市两市一较高下，马鞍山市、滁州市和宣城市的经济规模要明显逊于江苏省的城市，马鞍山市和宣城市的地区生产总值甚至只有 2000 亿元左右，分别为 2439.33 亿元和 1833.92 亿元（2021年数据）。从人均地区生产总值上看，呈现出"沿江高、两翼低"的发展格局。2021 年，南京都市圈内沿江城市的人均地区生产总值均超过 10 万元，其中南京市和镇江市的人均地区生产总值较高，分别达到 17.45 万元和 14.82 万元，紧随其后的是扬州市，为 13.23 万元，安徽省的沿江两市也都超过 11 万元，分别为 11.72 万元和 11.30 万元。两个县级成员金坛区和溧阳市的人均地区生产总值均超过 15 万元，金坛区的人均地区生产总值甚至超过南京市的水平。位于两翼的城市均低于 10 万元，其中宣城市的人均地区生产总值只有 7.35 万元，仅为南京市的 42.12%。

（二）都市圈内缺乏腰部城市 [1]

理论上看，腰部城市具有一定的经济基础，是都市圈内经济发展序列中承前启后的中场力量。若中场力量弱，则区域经济发展缺乏后劲。若中场力量强，就能够将处于头部的中心城市和处于腿部和脚部的外围城市给连接起来，最终实现区域内各城市经济的协同发展。数据显示，南京都市圈内只有扬州的地区生产总值水平（2021年地区生产总值为6696.43亿元）达到腰部城市的标准，其他城市都位于该标准之下。

第三节 南京都市圈经济高质量发展的机遇

长江经济带建设的全面展开、长三角一体化的加速推进、国家自贸区和"一带一路"倡议的深入实施等多重战略机遇的政策叠加，给南京都市圈的高质量发展带来了很大的想象空间。

---

[1] 国内的理论界和政府的主管部门对城市规模的划分标准有多种：其一，以人口规模为标准，将城市划分为超大城市（城区常住人口超过1000万人）、特大城市（城区常住人口在500万~1000万人）、大城市（城区常住人口超过100万人，其中300万~500万人为Ⅰ型大城市，100万~300万人为Ⅱ型大城市）、中等城市（城区常住人口为50万~100万人）、小城市（城区常住人口在50万人以下，其中20万~50万人为Ⅰ型小城市，20万人以下为Ⅱ型小城市）等5种类型。其二，以地区生产总值规模为标准，将城市划分为头部城市（地区生产总值超过10000亿元）、颈部城市（地区生产总值在8000亿~10000亿元）、腰部城市（地区生产总值在5000亿~8000亿元）、臀部城市（地区生产总值在3000亿~5000亿元）、腿部城市（地区生产总值在1000亿~3000亿元）和脚部城市（地区生产总值在1000亿元以下）等6种类型。其三，以商业魅力为标准，将城市划分为一线城市、新一线城市、二线城市、三线城市、四线城市和五线城市等6种类型。其四，以行政级别为标准，将城市划分为省级城市（即直辖市）、副省级城市、地级市和县级市等4种类型。

一、国内经济一体化发展的战略机遇

（一）长江经济带建设的全面展开

长江经济带覆盖我国 11 个省市（包括上海、江苏、浙江、安徽、江西、湖北、湖南、重庆、四川、贵州、云南），依托长江黄金水道的长江经济带连接着中国经济发达的东部沿海地区和经济欠发达的中西部地区，这里以占全国 21% 的国土面积创造了超过全国 40% 以上的经济规模（2021 年地区生产总值达到 530228 亿元），汇聚了全国 40% 以上的人口规模（第七次人口普查数据显示，长江经济带的常住人口达到 6.06 亿人）。长江经济带是名副其实的中国"经济脊梁"。

长江经济带建设是在 2013 年 7 月习近平总书记在武汉调研时提出的，强调以长江黄金水道为东西轴线进行国土空间开发，统筹推进区域经济协调发展。2014 年《国务院关于依托黄金水道推动长江经济带发展的指导意见》和 2016 年《长江经济带发展规划纲要》的发布，为长江这条巨龙的腾飞注入强大动力。2017 年在党的十九大报告中，总书记再次强调长江经济带建设要坚持以生态优先，走绿色发展之路，"共抓大保护、不搞大开发"。此后，原环境保护部（现生态环境部）联合国家发展和改革委员会、水利部发布了《长江经济带生态环境保护规划》（2017），水利部发布了《长江经济带沿江取水口、排污口和应急水源布局规划》（2016），水利部会同原国土资源局（现自然资源部）发布了《长江岸线保护和开发利用总体规划》（2017），等等，共 10 个专项规划；安徽省发布了《关于全面打造水清岸绿产业优美丽长江（安徽）经济带的实施意见》（2018），江苏省发布了《江苏省长江经济带发展实施规划》（2018），浙江省发布了《浙江省长江经济带发展实施规划》（2017）等地方实施方案，这些政策的落地为长江经济带经济高质量发展提供了制度上的保障。

在长江经济带，上海是龙头、武汉都市圈是龙腰、成渝都市圈是龙尾，地处中国 T 形国土开发新格局的交会节点的南京都市圈是龙肩，连接着"龙头"的长三角城市群和"龙腰"的长江中游城市群。推进南京都市圈经济的高质量发展，被认为是推动长江经济带经济高质量发展乃至中国经济的新增长极。

（二）长三角一体化的加速推进

长江三角洲（简称"长三角"）位于长江入海前所形成的冲积平原内，长三角城市群分布于国家"两横三纵"城镇化格局的优先开发和重点开发的区域。长三角城市群由最初的上海经济区（由最初的 10 个城市、55 个县组成，包括上海、苏州、无锡、常州、南通、杭州、嘉兴、湖州、宁波和绍兴等）为雏形发展而来。2010 年，《长江三角洲地区区域规划》将长三角范围扩展为江浙沪两省一市；2014 年，《国务院关于依托黄金水道推动长江经济带发展的指导意见》首次明确将安徽省纳入长三角城市群的一部分；2016 年，《长江三角洲城市群发展规划》将沪苏浙皖三省一市的全域纳入长三角一体化规划。长三角地区是中国经济最具活力、对外开放程度最高、创新能力最强的区域。在这个区域，以占中国 3.74% 的国土面积（35.9 万平方千米），创造了中国近 1/4 的经济总量（2020 年地区生产总值为 244713.53 亿元）和超 1/4 的工业增加值（2020 年为 81717.96 亿元），汇聚了中国 1/6 的人口规模（2021 年常住人口为 23647.83 万人）。长三角城市群已经跻身六大世界级城市群之一，这里是中国城镇化率最高的地区，三省一市的平均城镇化率为 73.31%。

从地理位置上看，地处苏浙皖交界的南京都市圈处于长三角城市群的中心地带，同时衔接了上海都市圈、杭州都市圈、合肥都市圈。从发展能级 [1] 上看，就中心城市而言，南京为长三角副中心城市，是长三角城市群规划的唯一特大城市，长江经济带四大中心之一。就南京都市圈而言，都市圈的面积、经济总量、常住人口规模分别为长三角城市群的 1/5、1/6 和1/7。南京都市圈既是长三角核心区向边缘区转移产业的中介，也是长三

---

[1] 城市发展能级指城市经济学对城市的现代化程度和对周边的影响程度。一般来说，衡量城市发展能级的指标体系共有 6 个一级指标和 44 个二级指标。中国的城市统计年鉴的数据基本按照这个体系进行统计。

角市场向中西部市场推进的中介。

（三）泛长三角建设

泛长三角经济区是长江中下游地区的"3+2"经济区模式，包括长三角核心区的江浙沪两省一市和非核心区的皖赣两省，该区域就是传统意义上的华东地区。在这个区域，交通发达，区域内高铁已经形成网络，区域核心城市之间基本实现高铁 3 小时通达。这里有非常强的资本优势，江浙沪的资本可以在区域内自由流动。2008 年，胡锦涛总书记在视察安徽时明确提出泛长三角的概念，随后《国务院进一步推进长江三角洲地区改革开放和经济社会发展的指导意见》的通过为泛长三角地区的协同发展提供支持。南京是长三角中心区的西部门户，南京都市圈位于长江下游和中游的交会点，南京都市圈在长三角和泛长三角合作的前沿。南京都市圈的高质量发展将辐射安徽西部和江西的经济发展，为这些区域的经济快速发展、高质量发展奠定良好的基础。

二、高水平对外开放的战略机遇

建设更高水平的开放性经济，是我国"十四五"时期对外开放的重要任务，从 2013 年首次提出"构建开放型经济新体制"到 2015 年十八届五中全会强调"发展更高层次的开放型经济"，再到十九届五中全会重申"建设更高水平开放型经济新体制"，我国的对外开放实现了由量及质的全面提升。自贸区政策和"一带一路"倡议被认为是中国打造的"升级版"的对外开放，是中国走开放融通、互利共赢的有利举措。

（一）国家自贸区的建设实施

国家自贸区[1]是在中国境内设立的，以给予税收优惠和特殊海关监管政策为手段，以贸易自由化和便利化为目的的功能性经济特区。从 2013 年 9 月上海获批第一个国家自贸区，截至 2022 年年底国务院已经批准设立的国家自贸区有 21 个，其中东部地区 10 个、中部地区 4 个、西部地区 5 个、东北地区 2 个，海南岛被作为自由港纳入自贸区建设之中。

自贸区是我国外贸体制改革的一个尝试，是一种制度创新：一是适应高度市场化经济的需要，与国际经济运行的规则接轨；二是以开放促进改革的需要，推进在金融、法律、审批与监管等方面进行制度性调整；三是实现经济转型的需要，通过自贸区平台，运用市场化手段配置资源，实现国民经济的转型升级。南京都市圈内有两个国家自贸区：江苏自贸区（获批于 2019 年 8 月，南京片区位于南京江北新区）、安徽自贸区（获批于 2020 年 9 月，芜湖片区主要在芜湖经济技术开发区、鸠江区）。获批国家自贸区是南京都市圈的开放进入新阶段、开放型经济向国际化转型的重要机遇：一方面，自贸区不是单纯贸易便利化，还推动资金、技术、人才等要素的自由流动，引领都市圈经济的高质量发展。安徽自贸区芜湖片区成立一年就签约入驻项目 182 个，引入资金 1843.79 亿元。另一方面，自贸区对市场准入所推行的负面清单管理，对企业的"放管服"管理等，为都市圈内其他城市改善营商环境提供了示范。江苏自贸区南京片区所形成的 160 多项制度创新成果，有 5 项在全国复制推广、31 项在全省复制推广、33 项在全市复制推广；安徽自贸区芜湖片区创新升级的中小企业信用贷为全国同类城市首创。

---

[1] 英文"Free Trade Area"和"Free Trade Zone"都被翻译成"自由贸易区"，但二者存在本质上的区别：前者源自世界贸易组织"自贸区"的规定，由两个或两个以上独立关税主体之间就取消关税及其他限制性措施而达成的自由贸易协定，如北美自由贸易区、中国—东盟自贸区等；后者源自世界海关组织"自由区"的规定，在关境内一个小区域建立单独的自由港，实施自由贸易政策，如德国汉堡自由港。我国的自贸区建设属于后者。

（二）"一带一路"倡议的实施

习近平总书记 2013 年 9 月访问哈萨克斯坦在纳扎尔巴耶夫大学发表演讲时提出了"丝绸之路经济带"的倡议，同年 10 月访问印度尼西亚在印尼国会发表演讲时提出了"海上丝绸之路"的倡议，并在随后召开的外交座谈会上将二者合并在一起而形成了"一带一路"倡议。"一带一路"倡议覆盖全球 40 多个国家，涉及 40 多亿人口，其经济总量超过 20 万亿美元。如果说自贸区对对外开放的意义更多体现在中国积极主动参与国际政治经济规则，让国际规则引领国内的变革。那么"一带一路"倡议则是中国主动构建并主导国际经济与政治的新规则，改变中国对外开放由过去的东部牵动发展为东西互动。"一带一路"倡议对中国以及南京都市圈的意义在于：充分利用国际市场，一方面为"走出去"提供广阔空间，分散国际经济活动的市场风险，另一方面为西部地区经济发展而"引进来"找到突破口，为这些地区对外开放找到新平台；确保能源安全，我国已成为全球最大的原油进口国，我国对外的原油依赖程度接近 60%，确保中国能源安全的原油、天然气等供应基本上位于"丝绸之路经济带"上，发展"一带一路"对确保国家能源安全不言而喻。

"一带一路"倡议与长江经济带建设、长三角一体化战略等具有高度重叠性，南京都市圈自古以来就是"海上丝绸之路"的起锚地之一，南京是郑和下西洋的始发港，扬州是"海上丝绸之路"和"陆上丝绸之路"的连接点。南京都市圈地处苏皖浙赣四省的交会区域，是发达地区经济对外开放、对内辐射的节点。

三、交通基础设施的持续改善

国家发展和改革委员会与交通运输部于 2022 年 8 月公布了《国家公路网规划（2022—2035 年）》，南京都市圈在已有的京沪通道、沪汉蓉通道以及宁西通道、沿江和沿海通道的基础上，规划中新增的南京都市圈高速环线（G9904）、扬州—乐清高速（G4013）、蚌埠—盐城高速（G1518）、南京—信阳高速（G3611）、南京—九江高速（G4231）、上海—武汉（G4221）等多条高速公路，新增的吴江—芜湖公路、上海—安康（G346）、南京—德令哈（G347）、山海关—深圳（G205）等普通国道干线，均穿南京都市圈而过。铁路方面，在既有的京沪（杭）通道、沪蓉通道的基础上，建设中的北沿江高铁、南沿江城际铁路、扬镇宁马城际铁路、宁淮城际铁路、宁滁城际铁路以及宁宣高铁（宁杭二通道）等将南京都市圈内各城市给连接在一起。水上交通方面，长江是连接东中西的水上运输"大动脉"，经过多年的航道疏浚整治，2019年5月长江南京以下12.5米深水航道正式运营，芜湖—南京的航道水深提至10.5米，这提升了南京都市圈的通航能力，优化了运输格局，为地方经济发展降低了物流成本。除了长江航道整治之外，升级改造中的芜申运河将可以通航1000吨的驳船，这既可以缓解长江的运输压力，还可以大大缩短南京都市圈至上海的运行距离（约170千米），从而减轻市场主体的交通运输成本。航空方面，南京都市圈已经形成了"1+4"的机场格局：1为南京禄口国际机场，该机场为国家主要干线机场、长三角地区区域性枢纽机场；4为芜宣机场、奔牛机场、扬泰机场和涟水机场，后三者都属于国家一类口岸机场，是可以通航境外的国际机场。从机场的地理布局上看，南京都市圈以禄口机场为中心，南面有芜宣机场，东面有奔牛机场，东北有扬泰机场，北面有涟水机场，唯有西面没有机场布局，规划建设中的南京马鞍国际机场位于南京江北新区与安徽滁州邻近的地区，该机场的建设将填补南京都市圈西北方向没有机场的空白。

第四节　南京都市圈经济高质量发展的挑战

一、制约都市圈发展的行政壁垒仍然存在

跨省发展是南京都市圈的最大特点，国家也把南京都市圈的"跨省区的区域治理模式"[1]作为区域经济一体化的示范。横跨苏皖两省，这既给南京都市圈的发展提供了广阔的经济腹地，集聚了更多的要素和资源，也给南京的发展带来了较高的行政壁垒，制约了南京都市圈的发展。

（一）行政壁垒来自不同的行政关系

跨省发展意味着南京都市圈存在两种行政关系：一是苏皖两省内部各自的纵向行政关系，即省级政府对所辖城市、上级城市对下级城市的行政关系管制；二是跨越苏皖两省行政区域的横向行政关系，即省际之间的行政关系协调。这就意味着推进都市圈一体化发展，需要协调三种关系：省际之间的协调、城际之间的协调以及上下级之间的协调。上下级之间因为有行政隶属关系，一般来说没有什么协调阻力；省内城际之间可以通过省政府进行协调，也没有什么阻力；阻力主要来自省际之间的协调，协调的难度远比前二者烦琐。

（二）行政壁垒可能来自一些人为因素

一方面，都市圈内各成员文化传统相近、经济基础相似，各城市容易形成相同的城市定位，这不可避免地会出现相互争夺资源等竞争因素，各城市出于自身经济发展的需要和保护本地市场的目的而人为设置经济壁垒。另一方面，经济发展的不平衡性使都市圈内发展较快的城市对相对落后的地区产生心理优势而产生地域歧视，使得都市圈内各城市对一体化的认同感下降。行政壁垒的存在，使得"行政区经济"现象非常突出，如南

---

[1] 《南京都市圈发展规划》明确要求"形成跨省级行政区区域治理新模式，为我国现代化都市圈建设积累经验、提供示范"。

京与宣城始终未完成高等级公路的对接，原因在于南京把向东与上海、向南与杭州、向西与马鞍山和滁州作为发展主导方向，没有把宣城作为辐射方向。

都市圈各成员之间的竞争和地方本位主义的存在，可能会阻碍南京都市圈的一体化进程，严重削弱都市圈内各城市之间经济发展应有的城际联系。

二、市场化程度依旧不够高

政府作用和市场机制的交互作用是实现经济高质量发展的条件（任保平，2021），推动经济高质量发展的关键说到底就是要提升都市圈的市场化程度，为微观市场主体营造良好的市场环境，激发微观主体的活力和经济内生动力。一般来说，一国的市场环境越好，其市场化程度就越高。根据《2020·中国城市营商环境评价》的数据，无论是从营商环境总指数上看，还是从营商环境的软硬环境指数上看，南京都市圈的市场化程度均要低于上海都市圈和杭州都市圈。

（一）都市圈层面

无论是从营商环境总指数上看，还是从软硬环境的分项指数上看，南京都市圈均要弱于上海都市圈。南京都市圈的营商环境总指数为0.288，该指数值仅为上海都市圈的79.12%；软环境指数为0.180，仅为上海都市圈的64.29%；硬环境指数为0.133，仅为上海都市圈的58.07%。如果与杭州都市圈做比较，南京都市圈也要逊色一些。南京都市圈的营商环境总指数仅为杭州都市圈的89.44%，软环境指数仅为杭州都市圈的74.38%，但硬环境指数是杭州都市圈的1.23倍。

（二）中心城市层面

南京都市圈的营商环境全面落后于上海都市圈和杭州都市圈（硬性环境指数是杭州都市圈的1.23倍）。就中心城市而言，南京的营商环境总指数落后于上海和杭州，但分项指数南京与上海、杭州各有千秋。从营商环境总指数上看，南京为0.432，上海和杭州分别为0.606和0.472；南京的软环境指数为 0.420，高于上海的 0.354 而低于杭州的 0.522；与软环境指数情况相反，南京的硬环境指数低于上海而高于杭州，数据显示南京为 0.298，上海和杭州分别为 0.812 和 0.257。就各成员城市而言，南京都市圈内各成员城市的营商环境总指数全面落后于上海都市圈和杭州都市圈，其软环境指数也全面落后于上海都市圈和杭州都市圈，但硬环境指数要略胜于杭州都市圈。

（三）南京都市圈内部

就营商环境总指数而言，各成员城市呈现出"沿江城市高、两翼城市低"的分布格局。沿江城市除了中心城市南京之外，营商环境总指数最高的是芜湖（指数为 0.289）。芜湖自古以来就是"长江巨埠、皖之中坚"，近代以来一直是江南地区的经贸和商业中心，位列近代"江南四大米市"之首。紧随其后的扬州的营商环境总指数为 0.274。扬州自隋唐之后一直是商贾重地，在该地区财富、资本高度集中。处于两翼的宣城、淮安和滁州排在南京都市圈内的榜尾。就软环境指数而言，各成员城市的分布格局和总指数相似。镇江、芜湖和扬州三市的软环境指数相差无几，实力相当。淮安、宣城和滁州与前三者之间则有较大差距。就硬环境指数而言，除了芜湖之外，南京都市圈内江苏城市要领先于安徽城市，不过差距并不大。

南京都市圈及其与其他都市圈营商环境的对比如表 5-5 所示。

表 5-5 南京都市圈及其与其他都市圈营商环境的对比

都市圈		总指数	软环境指数	硬环境指数	市场容量指数
南京都市圈	南京市	0.432	0.420	0.298	0.393
	淮安市	0.256	0.132	0.116	0.112
	扬州市	0.274	0.164	0.119	0.147
	镇江市	0.270	0.169	0.105	0.148
	芜湖市	0.289	0.168	0.152	0.111
	马鞍山市	0.270	0.159	0.076	0.104
	滁州市	0.243	0.112	0.105	0.078
	宣城市	0.268	0.118	0.092	0.077
	都市圈	0.288	0.180	0.133	0.146

续表

都市圈		总指数	软环境指数	硬环境指数	市场容量指数
上海都市圈	上海市	0.606	0.354	0.812	0.999
	苏州市	0.396	0.338	0.241	0.441
	无锡市	0.349	0.297	0.183	0.304
	常州市	0.303	0.234	0.125	0.219
	南通市	0.300	0.162	0.165	0.227
	嘉兴市	0.321	0.320	0.071	0.215
	宁波市	0.398	0.382	0.230	0.399
	舟山市	0.287	0.197	0.128	0.136
	湖州市	0.319	0.241	0.110	0.162
	都市圈	0.364	0.280	0.229	0.345
杭州都市圈	杭州市	0.472	0.522	0.257	0.442
	湖州市	0.319	0.241	0.110	0.162
	嘉兴市	0.321	0.320	0.071	0.215
	绍兴市	0.307	0.199	0.093	0.223
	衢州市	0.294	0.173	0.080	0.099
	黄山市	0.272	0.125	0.056	0.069
	宣城市	0.268	0.118	0.092	0.077
	都市圈	0.322	0.242	0.108	0.184

注　数据来源于《2020·中国城市营商环境评价》（李志军主编，中国发展出版社，2021年3月）。营商环境总指数是基于软环境（权重为0.25）、基础设施（即硬环境，权重为0.10）、社会服务（权重为0.15）、市场总量（权重为0.20）、商务成本（权重为0.10）、生态环境（权重为0.20）等6个维度、50多个指标测算而得的。软环境指数是基于人才吸引力、投资吸引力、创新活跃度和市场监管等4个指标测算而得的（各权重设置为0.25）。硬环境指数（基础设施指数）是基于路网密度、互联网水平、公路货运、水路货运、民航运输、供气、供水、地铁长度、出租车数量等9个指标测算而得的（各权重设置为0.1111）。市场容量指数是基于常住人口、地区生产总值、社会消费品零售总额、一般预算收入、进出口额、贷款额、人均可支配收入等7个指标测算而得的（各权重设置为0.1429）。

三、区域竞争日趋激烈

南京都市圈在长三角城市群中与多个都市圈存在空间上的重叠，在西边受到来自合肥都市圈、在南边受到来自杭州都市圈、在东面受到来自上海都市圈以及苏锡常都市圈的战略竞争。

随着多项区域均衡发展政策的落地，与南京都市圈有直接竞争关系的城市经济都得到快速发展，特别是合肥及合肥都市圈的快速发展让南京感受到了压力。从经济总量上看，合肥的地区生产总值从 2010 年的 2976.08 亿元增加到 2020 年的 10045.72 亿元，增长了 2.38 倍；南京的地区生产总值由 2010 年的 5198.20 亿元增加到 2020 年的 14817.95 亿元，增长了 1.85 倍。2010 年合肥的地区生产总值只相当于南京的 57.25%，到了 2020 年这一比例上升到了 67.79%。从人均经济水平上看，合肥的人均地区生产总值从 2010 年的 41274 元增加到 2020 年的 108427 元，增长了 1.63 倍；南京的人均地区生产总值从 2010 年的 66132 元增加到 2020 年的 159322 元，增长了 1.44 倍。2010 年合肥的地区生产总值只相当于南京的 63.23%，到了 2020 年这一比例上升到了 68.06%。从城镇化率上看，2010 年合肥的城镇化率为 62.8%，仅相当于南京的 80.0%；而到了 2020 年，合肥的城镇化率上升到 82.3%，已经相当于南京的 94.82%。此外，安徽省在 2011 年撤销地级市巢湖市，将县级巢湖市（原居巢区）和庐江县划归合肥管辖，扩大了合肥的经济腹地。高铁时代，合肥补足了交通短板，同时高铁多线贯穿且先于南京形成了"米"字形高铁枢纽，便利的交通吸引周边城市加盟合肥都市圈，使得这些城市对南京的认同显著减弱。2017 年，合肥获批"综合性国家科学中心"，随着一批重大科学装置的建设完成，将助推合肥及合肥都市圈经济的高质量发展。除了感受到来自合肥的压力之外，南京也受到来自杭州的强力挤压。2010 年南京与杭州之间的经济总量差距为 818.36 亿元，虽然在 2015 年下降到 329.44 亿元，但到 2020 年再次扩大到 1287.88 亿元。

表 5-6 南京与合肥、杭州部分年份的经济指标对比

经济指标		2010 年	2012 年	2014 年	2016 年	2018 年	2020 年
地区生产总值 /亿元	南京市	5198.20	7306.54	8956.05	10819.14	13009.17	14817.95
	合肥市	2976.08	4167.98	5250.09	6544.26	8605.13	10045.72
	杭州市	6049.56	7968.58	9502.21	11709.45	14306.72	16105.83
人均地区生产总值 /元	南京市	66132	85695	101860	119484	141129	159322
	合肥市	41274	53436	64896	77769	97453	108427
	杭州市	71007	85831	95313	111572	129035	136617
城镇化率 /%	南京市	78.50	80.10	81.94	84.19	85.22	86.8
	合肥市	62.8	66.4	69.1	74.8	79.2	82.3
	杭州市	69.6	71.4	73.3	76.2	77.4	83.3

注 数据来源于南京、合肥和杭州的 2021 年度《统计年鉴》。人均地区生产总值是按照常住人口计算的。城镇化率是按常住人口统计的城镇化率。

城市吸纳外来人口就业的能力越强，说明该城市经济就越有活力，反映该城市经济的发展潜力就越大。对于都市圈而言，中心城市吸纳外来人口的水平，关系到整个都市圈经济的发展后劲。这里以常住人口和户籍人口的差额，来近似反映该城市吸纳外来人口的能力的强弱。数据显示，长三角城市群内 6 个都市圈中心城市，南京吸纳外来人口的能力仅高于合肥，落后于上海、苏州、杭州、宁波。2020 年，南京的常住人口 931.97 万人，户籍人口 722.57 万人，人口净增加 209 万人，而与此同时，上海人口净增加 1012.73 万人、苏州人口净增加 530.63 万人、杭州人口净增加 382.67 万人，宁波人口净增加 328.34 万人。另据历次人口普查的数据，

南京市的常住人口由第六次普查时的 800.76 万人增加到第七次普查时的 931.97 万人，人口增长了 131.31 万人，增长率为 16.40%；相比较而言，杭州常住人口增加了 323.56 万人，增长率为 37.19%；苏州常住人口增加了 228.84 万人，增长率为 21.87%。

第六章　南京都市圈经济高质量发展的测度

第一节　新发展理念下经济高质量发展的内涵与目标

经济高质量发展从本质上理解就是实现低消耗、高收益的集约式发展，在新发展理念下推进南京都市圈经济高质量发展，必须界定经济高质量发展的内涵，明确经济高质量发展的目标。

一、都市圈经济高质量发展的内涵

推进中国经济由"高速增长阶段"向"高质量发展阶段"的转型，是以习近平同志为核心的党中央对我国经济发展阶段所产生的变化而作出的最新重大研判。改革开放以来，在高速增长的背景下，我国经济在 20 世纪 80 年代完成了"经济起飞"，现在已经由"走向成熟阶段"向"高额群众消费阶段"[1]过渡，实现了由低收入国家向中高收入国家的跨越。但伴随经济的高速增长，经济发展所面临的资源与环境的压力越来越大，同时人口红利[2]逐渐消失、产业结构不断升级，高速增长时代已经过去，是时候关注经济发展的质量了。高质量发展和高速增长在本质上就是不同的，如表6-1所示。

表6-1 高质量发展与高速增长的差异对比分析

差异性	经济高速增长	经济高质量发展
目标差异	经济发展的主要任务是尽快摆脱贫穷落后，因此会将全部资源集中配置到经济建设上来，战略上以追赶为导向，以经济总量的扩大为追求目标。	以现代化作为经济发展的目标，实现城镇化、工业化和信息化的高度融合。信息化与工业化的"两化融合"将为经济发展创造新的增长点，中国的"制造业2025"计划就是要将"数智经济"融入工业发展之中。以"工业化"与"城镇化"的相融合推进新型城镇化，强调"以人为本"的发展理念。

---

[1] 美国学者罗斯托（W.W. Rostow，1958）在《经济成长的阶段》一书中，基于科技水平、工业化程度和主导产业的标准将一国由农业社会向工业社会转变划分为六个阶段：传统社会阶段、为经济起飞创造前提阶段、起飞阶段、向成熟推进阶段、高额群众消费阶段、追求生活质量阶段。按照这个标准，我国在1977—1987年完成了经济起飞、在20世纪90年代末和21世纪初进入"向成熟推进阶段"，现在正在由"向成熟推进阶段"向"高额群众消费阶段"过渡的阶段。

[2] 人口红利是指劳动年龄人口占比高、人口抚养比低（一般为低于50%）的人口发展水平。研究认为我国从20世纪70年代中期开始享受人口红利，2005—2015年为我国收获人口红利的高峰期，2005年之后随着人口老龄化和人口出生率的下降，人口红利逐步下降。

续表

差异性	经济高速增长	经济高质量发展
内涵差异	只强调经济效益，忽视社会效益和生态效益。经济增长依赖外需和投资拉动，不仅造成资源的极大浪费和环境的严重污染，还极易受到来自国际市场波动的影响。	强调经济效益、社会效益和生态效益相结合。 经济效益关注经济发展要稳中求进，经济发展仍要保持一定的发展速度。 社会效益强调"以人为本"，包括人口素质的提升、生活质量的提高和社会环境的改善等。 生态效益强调经济发展过程中的生态保护，实现可持续发展。
价值判断的标准	基于有与无、快与慢的标准，着眼于扩大经济的规模。衡量经济发展的水平主要看速度快不快、规模大不大，忽视对资源、环境的影响。	基于好与坏、优与劣的标准，着眼于提高经济的效益。 衡量经济发展不再仅看总量和规模，更要追求经济、社会、自然与人的和谐共生。 不仅要看微观主体的成本与收益，更要从全局上统筹经济、社会与生态的发展。
经济发展的要求	单一的经济总量与增速，在物质主义价值观和行为倾向的驱使下非理性地追求经济关系的工具性目标：收入、利润和GDP等。	由粗放式发展向集约式发展转变，用创新驱动经济发展、用高素质劳动力创造新的人口红利。 进一步深化改革开放，对内坚持供给侧结构性改革，对外进一步深化高水平开放，构建以内循环为主、国内国际双循环的发展格局。

因此，实现经济由高速增长向高质量发展的转型需要完成三个转型。

第一，要从"数量追赶"转向"质量追赶"，前者强调"有没有"的问题，后者关注"好不好"的问题。从计划经济时期经济短缺中走过来的中国，在经济发展初期的主要任务是填补"数量缺口"，因此长期以来一直把追求发展速度和经济规模作为目标。但经过多年快速发展的积累之后，经济总量跃居世界第二，制造业增加值连续8年超过美国位列世界第一，

220多种工农业产品产量也居于世界第一位，我们已经成功解决了"有没有"的矛盾。随着经济发展，经济与社会发展所面临的资源与环境的压力越来越大，"数量追赶"所形成的生产能力没有跟上需求升级，我国经济发展是时候需要转向高质量发展了，现在的主要任务是弥补"质量缺口"，微观上填补产品质量、生产效率，宏观上提高经济发展的质量与效益、减少资源消耗。

第二，要从"规模扩张"转向"结构升级"，前者关注的是"铺摊子"的发展模式，后者强调的是"上台阶"的发展模式[1]。在经济高速增长阶段，经济发展主要表现为生产能力的规模扩张，随着市场需求陆续达到峰值，大规模产能扩张带来的产能过剩日益突出，根据国务院〔2013〕41号文的数据，钢铁、水泥、电解铝等行业的产能利用率（capacity utilization）显著低于国际水平（其中，钢铁为72%、水泥为73.7%、电解铝为71.9%、平板玻璃为73.1%，传播的产能利用率刚达到严重过剩的临界点上）[2]。我国经济大规模快速扩张的阶段已经结束，是时候走"结构升级"的路子了：微观上，以价值链的拓展和产品附加值的提升为目标，生产高附加值和高技术含量的先进智能产品；宏观上，以资源配置效率的提高为目标，实现资源由过剩产能的领域转移到有市场需求的领域。

第三，要从"要素驱动"转向"创新驱动"，前者强调"数量红利"的问题，后者关注的"质量红利"的问题。我国经济经过数十年的高速增长，

---

[1] 刘世锦. 中国经济增长十年展望（2016—2025）：由数量追赶到质量追赶[M]. 北京：中信出版社，2016：3-17.

[2] 产能利用率是指实际产出与生产能力的比率。根据国际标准，产能利用率超过95%代表生产能力接近全部产能，产能利用率保持在80%~85%表示生产能力处于合理水平，产能利用率小于75%时说明产能出现严重过剩。

劳动年龄人口[1]逐渐下降（法定劳动年龄人口的占比由 2010 年第 6 次人口普查时的 65.70% 下降到 2020 年第 7 次人口普查时的 58.62%；如果参考国际上 15~64 岁劳动年龄人口的标准，劳动年龄人口由 2010 年的 74.5% 下降到 2020 年的 68.6%），土地与自然资源等供给瓶颈效应日趋凸显，生态环境约束日益强化，过去推动中国经济高速发展的要素红利正在消失，依靠高强度的要素投入支撑中国经济发展的时代已经一去不复返，是时候转向走依靠"质量红利"的道路了：依靠科技创新、人力资本投资，提升全要素生产率。完成这个转型，关键在于推动要素在地区之间、行业之间、企业之间的自由流动，构建全国统一的生产要素市场。

二、都市圈经济高质量发展的目标

都市圈是高度同城化的地区，它是城镇化进程经过"城市→都市区""都市区→都市圈"两次空间范围拓展而逐渐形成的。都市圈经济的高质量发展关乎城市群一体化进程的实现，而城市群一体化的发展关乎中国经济新增长点的培育。表 6-2 所示为都市圈经济高质量发展的目标分解。

---

[1] 劳动年龄人口是指社会总人口中处于劳动年龄范围（年满 16 周岁至退休年龄）的人口。对于退休年龄的划分，各国存在差异：美国 67 岁，西班牙 65 岁，加拿大 60 岁，意大利、澳大利亚等国男性为 65 岁、女性为 60 岁。中国目前法定的退休年龄为：男性 60 岁、女干部 55 岁、女工人 50 岁，根据《中华人民共和国国民经济和社会发展第十四个五年规划和 2035 年远景目标纲要》提出的"小步调整、弹性实施、分类推进、统筹兼顾"的原则，人力资源和社会保障部正着手制定延迟法定退休年龄的规定。根据第七次人口普查数据，截至 2020 年中国劳动年龄人口为 8.26 亿人，占全国总人口的比重为 58.62%。

表 6-2 都市圈经济高质量发展的目标分解

目标	具体表现
价值取向：走共同繁荣之路	以"区域发展平衡"为导向，减少都市圈内各城市经济发展的落差，避免区域经济发展的分化。各成员城市要根据各自的梯度发展需求，确定自身的功能定位，实现错位发展。 以"提升效率"为取向加强区域经济之间的联系，实现功能互补：实现公共服务、社会福利、发展机会的对接与汇聚，使都市圈内的居民和企业共享不同城市发展的成果，使企业生产和居民生活如同在同一城市内。
资源使用：物力资源向智力资源演化	逐步减少对物质资源投入的依赖，将智力资源、知识进展等作为驱动经济高质量发展的核心要素，实现由"要素驱动"向"创新驱动"的转型。 首先，智力资源的使用可以节约物质资源的消耗，减轻资源与环境的压力。 其次，智力资源具有边际报酬递增的特征。 最后，智力资源具有较强的"外部经济"特征，知识外溢有助于提升生产的效率。
环境塑造：由硬环境建设转向软环境建设	在传统高速增长模式下，基础设施是经济发展的硬环境，在高质量发展背景下，创新环境和学习氛围等"软环境"的建设是关键。概括起来就是两个词：宜居、宜业。 宜居：体现为公共服务均等化，居民可以获得公平的养老、医疗、教育、就业等公共服务，同时可以享受到良好的、宜居的生态环境。积极营造尊重知识的氛围，强化都市圈内各城市居民增强学识的自觉性。 宜业：建设高效、公平的市场体系，改善营商环境，培育市场主体和吸引市场主体。构建充满活力的科技创新体系以提高创新效率。

续表

目标	具体表现
土地扩张：粗发蔓延向精明增长①转变	积极规划：强化政府依法调控城市土地开发利用的能力，既要满足城市发展的合理用地需求，又要切实保护土地资源（尤其是耕地资源）。 完善土地市场：发挥市场在土地资源配置中的决定性作用，使价格成为调控土地市场的晴雨表。 集约式利用：通过对城市土地的适度密度开发、旧城改造、城市竖向空间的扩展等，提高土地的利用效率。 完善城市布局：变革"单极式"城市扩张之路，发展"组团式"的都市圈、城市群。
发展导向：经济与社会全面发展	经济发展从单纯的"增长主义"转向到"人本主义"，强调经济与社会的全面发展。既关注物质产业的发展、基础设施的完善以及制度建设的健全等"刚性"因素，也关注文化产业的发展、精神生活的丰富、审美品位的提升等"柔性"因素。

① 20 世纪 90 年代，在美国的城市规划界出现了一种城市土地使用的新理念："精明增长"。该理念是在对低密度城市的无序扩张而引发的一系列问题的思考基础上产生的，与欧洲"紧凑发展"的城市发展理念是一致的。精明增长理念的核心内容包括：强调土地利用要用足存量，减少增量；开发废弃的、污染的工业用地，以减少对新增用地的需求；城市建设相对集中，缩短生产和生活的通勤距离。

第二节　新发展理念下南京都市圈高质量发展的测度

一、指标体系的构建

经济高质量发展是一个多维的概念，有着十分丰富的内涵。该内涵看似很简单，却不太容易把握（金碚，2018）。根据研究的需要，在各位学者的研究成果的基础上，本小节依据经济发展基本面和经济发展成果两个维度构建经济高质量发展指标体系。

（一）经济发展基本面

经济发展的基本面因素是指影响经济运行的基本状况，是决定经济发展长期走向的基本经济变量，具体包括经济发展基础、科研活跃度、经济稳定性、经济外向性和经济协调性等5个方面。

1. 经济发展基础：经济高质量发展的物质基础

世界经济进入动荡变革期，我国经济受需求收缩、供给冲击和预期转弱等三重压力的叠加，面临重大挑战（林毅夫，2022）。在这种态势下，保持一定的经济增长速度是必要的，也是必需的。首先，稳是经济转型发展的基石（黄茂兴，2018），以稳求进、以进促稳，保持经济运行在合理区间就是强调要保持一定的经济增长速度。其次，高质量发展首要是发展，实现优质供给，而优质供给必然表现为价值量的增长，这在宏观数据上的表现就是经济以一定速度实现增长。现代经济理论认为投资、消费和政府支出等是推动一国经济增长的基础动力。此外，该地区过去的经济发展水平也是今后实现高质量发展的物质基础。基于此种理解，本节从经济发展水平、投资率、消费率、人口水平、财政支出规模等五个层面设置反映地区经济活力的指标，同时综合考虑地区经济的过去发展水平，考察经济高质量发展的物质基础。一般来说，拥有的经济发展基础越好，地区经济发展的活力就会越强，经济发展的质量也会越高。

2. 科研活跃度：经济高质量发展的不竭动力

科研活跃度用以测度"创新发展"理念与高质量发展的内在联系。习近平总书记强调"科技创新是核心，抓住了科技创新就抓住了牵动我国发展全局的牛鼻子"[1]，以科技创新驱动经济发展是破解我国经济发展的主要矛盾，实现经济高质量发展的重要抓手。张国兴等（2020）认为衡量城市的创新能力高低，需要综合考虑该地区在科技创新上的投入和产出。借鉴张国兴等人的做法，本节从投入与产出两个侧面设置了评价技术创新水平的指标体系，前者包括"规模以上工业企业研发人员当时当量"和"规模以上工业企业 R&D 经费支出"，后者包括"专利申请量"和"规模以上工业企业的新产品销售收入"。同时把研究成果的转化水平（陈套，2019；王志刚，2021）纳入其中，规避"专利泡沫"和"专利陷阱"，将创新成果转化为现实生产力。一般来说，科研活跃度高，该地区的创新能力就越强，其经济发展的质量就会越高。

3. 经济稳定性：经济高质量发展的基本要求

2021 年，习近平总书记在省部级主要领导干部学习贯彻党的十九届五中全会精神专题研讨班开班式上强调在新发展理念中坚持"安全发展"原则。现代安全观认为国家安全是一个多维概念，包括政治安全、经济安全、军事安全、信息安全、生态安全、生物安全等，经济与社会的不确定性决定了国家安全有更深刻的变化。本书以经济高质量发展为研究主题，这里关注的是经济安全。经济稳定性指标就是基于这一发展理念而设计的指标体系，该指标体系包括就业波动（使用"城镇登记失业率"表示）、价格波动（使用"消费者价格指数"表示）和经济波动水平（使用"GDP 指数"表示）等三个指标描述影响城市经济高质量发展的风险因素。同时用"按常住人口平均的粮食总产量"和"能源综合生产能力"描绘保障城市经济高质量发展的因素。一般来说，地区经济发展稳定性越高，地区经济发展

---

[1] 习近平. 为建设世界科技强国而奋斗——在全国科技创新大会、两院院士大会、中国科协第九次全国代表大会上的讲话 [N]. 人民日报，2016-06-01（2）.

的韧性就越强，其经济发展质量就越高。

4.经济外向性：经济高质量发展的实现路径

经济外向性对应五大发展理念的"开放发展"。从经济发展的"外循环"和"内循环"两个方面设置指标体系：外循环指标体系包括出口贸易水平（用"出口额/GDP"表示）、外资利用（用"实际利用外资额/GDP"表示）和国际人员往来（用"国际旅游外汇收入/GDP"表示）等三个指标，前两个指标反映该地区的经济开放水平，后一个指标反映该地区的社会开放水平；内循环用公路密度（用"公路总里程/国土面积"表示）和全社会公路客运周转量表示。

5.经济协调性：经济高质量发展的内在要求

经济协调性对应五大发展理念的"协调发展"。经济协调性体现在城乡之间的协调性、产业之间的协调性、经济与环境的协调性等三个方面，本节使用"城乡收入比"和"城镇化率"表征城乡协调性，用"第二、第三产业就业人口/全部就业人口"和"年末金融机构人民币贷款余额/GDP"表征产业协调性，用"工业的全社会用电量/工业增加值"表征环境协调性。

（二）经济发展成果

经济发展的成果包括社会成果和生态文明成果两个方面。一是社会发展成果，强调要将经济发展的成果惠及大众，这是经济高质量发展的本质追求，主要体现在社会保障以及文教体卫等事业的发展，设置了"常住人口每万人在校生人数""常住人口每万人拥有的卫生专业技术人员人数""常住人口每万人拥有公共图书馆藏书量""按常住人口平均的用于社保和就业的财政支出""常住人口每万人拥有等级运动员的人数"等指标。二是生态文明成果，强调要落实绿色发展理念，这是经济高质量发展的基本前提，主要体现在环境污染的治理和城市绿化水平上，设置了"污水处理率""一般工业固体废物综合利用率""$PM_{2.5}$年平均浓度""建成区绿化覆盖率""森林覆盖率"等指标。南京都市圈经济高质量发展指标构成一览表如表 6-3 所示。

表 6-3 南京都市圈经济高质量发展指标构成一览表

一级指标	二级指标	三级指标		单位 正向指标	指标属性	
					逆向指标	
经济发展基本面	经济发展基础	经济发展水平	人均 GDP	元	√	
		投资率	全社会固定资产投资额	亿元	√	
		消费率	全社会消费品零售总额	亿元	√	
		人口水平	人口自然增长率	—	√	
		财政支出规模	公共财政预算支出额	亿元	√	
	科研活跃度	研发投入	规模以上工业企业研发人员当时当量	人年	√	
			规模以上工业企业 R&D 经费支出	亿元	√	
		研发产出	专利申请量	件	√	
			规模以上工业企业的新产品销售收入	亿元	√	
		研究成果转化	技术市场交易额	亿元	√	

续表

一级指标	二级指标	三级指标		单位	指标属性	
					正向指标	逆向指标
经济发展基本面	经济稳定性	经济风险	城镇登记失业率	—		√
			消费者价格指数	—		√
			GDP 指数	—	√	
		安全保障	按常住人口平均粮食总产量	万吨	√	
			能源综合生产能力	吨标准煤	√	
	经济外向性	外循环	出口额 /GDP	—	√	
			实际利用外资额 /GDP	—	√	
			国际旅游外汇收入 /GDP	—	√	
		内循环	公路总里程 / 土地面积	千米/平方千米	√	
			全社会公路客运周转量	亿人千米	√	
	经济协调性	城乡之间协调性	城镇居民人均可支配收入/农村居民人均可支配收入	—		√
			常住人口的城镇化率	—	√	
		产业之间的协调性	第二、第三产业就业人口/全部就业人口	—	√	
			年末金融机构人民币贷款余额/GDP	—	√	
		经济与环境的协调性	工业的全社会用电量 / 工业增加值	—		√

续表

一级指标	二级指标	三级指标		单位	指标属性	
					正向指标	逆向指标
经济发展成果	社会发展成果	教育发展水平	常住人口每万人在校生人数	人	√	
		医疗卫生事业发展水平	常住人口每万人拥有的卫生专业技术人员人数	人	√	
		文化产业发展水平	常住人口每万人拥有公共图书馆藏书量	千册	√	
		体育发展水平	常住人口每万人拥有等级运动员的人数	人	√	
		社会保障水平	按常住人口平均的用于社保和就业的财政支出	元	√	
	生态保护成果	水环境治理	污水处理率	%	√	
		固体废物治理	一般工业固体废物综合利用率	%	√	
		空气环境	PM$_{2.5}$年平均浓度	毫克/立方米		√
		绿化水平	建成区绿化覆盖率	%	√	
			森林覆盖率	%	√	

二、评价指标的测算

（一）数据来源

本书研究所需的数据主要来源于《江苏统计年鉴》（2012—2021）、《安徽统计年鉴》（2012—2021）以及南京都市圈内 8 个成员城市的 2012—2021 年度统计年鉴，部分数据来源于《中国城市统计年鉴》、《中国城市建设统计年鉴》以及各年份《国民经济与社会发展统计公报》。

这里有四点需要说明：第一，南京都市圈的成员除了 8 个地级市之外，还包括常州市的金坛区和溧阳市两个县级行政单元。由于我国的统计数据主要是以地级市作为统计单位的，县级数据不可得，因此对南京都市圈经济高质量发展水平的测度并不包括这两个县级行政单元。第二，尽管南京都市圈早在 2002 年 12 月就已经宣布成立了，但由于前期缺乏明确的发展规划且成员变动比较大，因此本书对南京都市圈经济高质量发展的研究，将起止时间设定为 2011—2020 年。第三，由于部分指标值的缺失，采用"插值法"进行填补，最终确定了 2011—2020 年 8 市共 80 个样本、2720 个指标值。第四，$PM_{2.5}$ 的原始数据来自中国空气质量在线监测分析平台（https://www.aqistudy.cn/historydata/）和中国气象局官网（http://www.cma.gov.cn/）。

（二）评价方法

测算经济高质量发展指数的关键在于确定各指标的权重，现有文献的解决方法有主观赋权法和客观赋权法。

主观赋权法包括专家咨询法（又称德尔菲法）、层次分析法（the analytic hierarchy process，AHP），由参与评价的人员根据重要性而人为赋权，优点是可以根据实际情况而合理确定各指标的排序，缺陷在于因为存在主观随意性而不能准确反映指标体系的内在关联。

客观赋权法包括熵值法（the entropy method）、主成分分析法（principal component analysis）和因子分析法（factor analysis）等，根据指标体系所反映的客观信息确定权重，优点是避免主观赋权法过于随意的弊端，有较强的数理依据，但所确定的权数可能不能反映实际情况。熵值法因为能够基于各评价指标内含的信息量确定权重，从而较好地体现各指标的差异性，因而成为常用的赋值方法。

1. 数据标准化处理

测度经济高质量发展，需要收集大量的、不同的指标变量，但每个指标的性质、单位（量纲）、数量等级等特征因为存在较大差异性而无法直接进行比较和综合，需要进行无量纲化处理（数据标准化处理），将原始数据转化为无量纲、无量级的标准化数据。设 X_{ij} 为第 i 个城市第 j 个指标的原始数据，Y_{ij} 为第 i 个城市第 j 个指标进行标准化处理之后的数据，其中 $i=1,2,3,\cdots,m$；$j=1,2,3,\cdots,n$（$m=8$，$n=34$），$\max(X_{ij})$ 为样本期间第 j 个原始指标数据中的最大值，$\min(X_{ij})$ 为样本期间第 j 个原始指标数据中的最小值。因此，标准化处理的数据为

$$Y_{ij}=\begin{cases}\dfrac{X_{ij}-\min(X_{ij})}{\max(X_{ij})-\min(X_{ij})}+0.1\,(\text{正向指标})\\[4mm]\dfrac{\max(X_{ij})-X_{ij}}{\max(X_{ij})-\min(X_{ij})}+0.1\,(\text{负向指标})\end{cases} \tag{6-1}$$

2. 权重的确定——熵值法

熵（entropy）是对不确定性信息的一种度量方法，通过计算熵值判断一个事件的随机性以及其无序程度，若某一指标的离散程度越大，该指标对指标体系的评价影响就会越大，反之就会越小。借鉴师博等（2018）、简新华等（2019）、张涛（2020）等学者的做法，运用面板熵值法对南京都市圈经济高质量发展指数进行测度。

步骤 1：计算指标比重 P_{ij}，即

$$P_{ij}=\frac{Y_{ij}}{\sum\limits_{i=1}^{m}Y_{ij}} \tag{6-2}$$

步骤 2：计算指标熵值 E_{ij}，即

$$E_{ij}=-k\cdot\sum_{i=1}^{m}P_{ij}\ln(P_{ij})\,,\quad k=\frac{1}{\ln(m)} \tag{6-3}$$

步骤 3：计算指标的差异系数 G_j，即

$$G_j=1-E_j \tag{6-4}$$

步骤 4：计算指标权重 W_j，即

$$W_j=\frac{G_j}{\sum\limits_{j=1}^{n}G_j}=\frac{1-E_j}{\sum\limits_{j=1}^{n}(1-E_j)} \tag{6-5}$$

3. 计算南京都市圈经济高质量发展指数

采用加权平均法计算经济高质量发展指数 Z_i，即

$$Z_i = \sum_{j=1}^{n} W_j Y_{ij} \qquad\qquad (6-6)$$

（三）南京都市圈经济高质量发展指数的测算结果

基于南京都市圈 2011—2020 年 8 个地级市的统计数据，得到了反映经济高质量发展水平的指数值（详见表 6-4 和表 6-5 所示），其中表 6-4 为南京都市圈经济高质量发展随时间演化的变动趋势，表 6-5 为 2020 年度南京都市圈经济高质量发展的空间格局。

表 6-4　2011-2020 年南京都市圈内各城市经济高质量发展的测算结果

年份	南京市	淮安市	扬州市	镇江市	滁州市	芜湖市	马鞍山市	宣城市	南京都市圈平均
2011	0.259	0.196	0.211	0.216	0.186	0.219	0.208	0.185	0.210
2012	0.263	0.195	0.213	0.216	0.172	0.210	0.202	0.178	0.206
2013	0.263	0.196	0.213	0.221	0.175	0.213	0.211	0.175	0.208
2014	0.268	0.194	0.217	0.227	0.180	0.207	0.209	0.176	0.211
2015	0.270	0.195	0.217	0.225	0.179	0.211	0.203	0.174	0.209
2016	0.278	0.205	0.220	0.231	0.185	0.215	0.205	0.182	0.216
2017	0.278	0.204	0.220	0.219	0.187	0.217	0.210	0.189	0.215
2018	0.279	0.202	0.223	0.227	0.184	0.218	0.214	0.186	0.218
2019	0.295	0.205	0.225	0.223	0.188	0.224	0.216	0.182	0.220
2020	0.313	0.207	0.228	0.230	0.191	0.222	0.205	0.187	0.223

表6-5 2020年南京都市圈内各城市经济高质量发展的测算结果

城市名称	经济发展基础	科研活跃度	经济稳定性	经济外向性	经济协调性	社会发展成果	生态保护成果	总指数
南京市	0.331	0.666	0.447	0.116	0.226	0.248	0.158	0.313
淮安市	0.232	0.185	0.407	0.114	0.183	0.186	0.140	0.207
扬州市	0.257	0.224	0.401	0.116	0.212	0.235	0.151	0.228
镇江市	0.246	0.197	0.447	0.116	0.212	0.234	0.156	0.230
滁州市	0.222	0.176	0.293	0.114	0.175	0.183	0.173	0.191
芜湖市	0.244	0.236	0.294	0.116	0.213	0.233	0.220	0.222
马鞍山市	0.240	0.183	0.271	0.116	0.206	0.221	0.198	0.205
宣城市	0.211	0.154	0.239	0.114	0.173	0.184	0.235	0.187

第三节 南京都市圈高质量发展的空间分异与时间演化

一、新发展理念下南京都市圈高质量发展的空间分异

（一）南京都市圈经济高质量发展的总体水平

1.经济高质量发展水平整体分析

分析2020年南京都市圈8市的经济高质量发展总指数发现，南京都市圈经济发展质量呈现出"东高、西低""沿江高、两翼低"的阶梯发展格局。南京市作为都市圈的核心城市，其经济发展质量最高，指数值为0.313。紧随其后的镇江市和扬州市的经济发展质量旗鼓相当（指数值仅

相差 0.02），经济高质量发展总指数分别为 0.230 和 0.228。芜湖市、淮安市和马鞍山市可以看成第三层次，高质量发展指数分别为 0.222、0.207和 0.205。高质量发展指数排在最后的是滁州市和宣城市，分别仅有 0.191和 0.187。

2. 推动经济高质量发展的因素分析

分析影响经济高质量发展的 7 个具体维度可以发现，推动南京都市圈内各城市经济高质量发展的基础差异较大：首先，推动南京市经济高质量发展的因素主要来自科研活跃度，然后是经济稳定性和经济发展基础。其次，推动淮安市、镇江市、滁州市、芜湖市和马鞍山市等城市经济高质量发展的因素主要来自经济稳定性和经济发展基础，社会发展成果成为推动各城市经济高质量发展的第三位因素。再次，推动扬州市经济高质量发展的因素主要来自经济稳定性和经济发展基础，科研活跃度成为推动扬州市经济高质量发展的第三位因素。最后，推动宣城市经济高质量发展的因素。首先是经济稳定性，然后是生态保护成果和经济发展基础。此外，各城市都没有把经济外向性作为推动经济高质量发展的主导因素，经济发展的内循环特征显著，如表 6-6 所示。

表 6-6 南京都市圈内各城市高质量发展各维度贡献排名

城市名称	高质量发展各维度排名						
	1	2	3	4	5	6	7
南京市	科研活跃度	经济稳定性	经济发展基础	社会发展成果	经济协调性	生态保护成果	经济外向性
淮安市	经济稳定性	经济发展基础	社会发展成果	科研活跃度	经济协调性	生态保护成果	经济外向性
扬州市	经济稳定性	经济发展基础	科研活跃度	经济协调性	社会发展成果	生态保护成果	经济外向性
镇江市	经济稳定性	经济发展基础	社会发展成果	经济协调性	科研活跃度	生态保护成果	经济外向性

城市名称	高质量发展各维度排名						
	1	2	3	4	5	6	7
滁州市	经济稳定性	经济发展基础	社会发展成果	科研活跃度	生态保护成果	经济协调性	经济外向性
芜湖市	经济稳定性	经济发展基础	社会发展成果	科研活跃度	生态保护成果	经济协调性	经济外向性
马鞍山市	经济稳定性	经济发展基础	社会发展成果	经济协调性	生态保护成果	科研活跃度	经济外向性
宣城市	经济稳定性	生态保护成果	经济发展基础	社会发展成果	经济协调性	科研活跃度	经济外向性

（二）南京都市圈经济高质量发展的七个维度

1.经济发展基础指数

南京市的经济发展基础维度指数最高（0.331），处于第一梯队，经济发展基础无疑是最好的。扬州市、镇江市、芜湖市和马鞍山市四市仅次于南京市，该分项指数分别为0.257、0.246、0.244和0.240，属于第二梯队。淮安市、滁州市和宣城市则是第三梯队，指数分别为0.232、0.222和0.211。从指数的分布上看，经济发展基础较好的几座城市均位于长江沿岸，这些城市历来都是通商巨埠，交通四通八达，工商业都比较繁荣发达。经济发展基础指数的分布和经济高质量发展指数的分布是一致的。

2.科技活跃度指数

南京市是科教大市，境内科教资源丰富、科技实力强，其科技活跃度指数（0.666）显著高于其他城市。处于第二层次的芜湖市、扬州市和镇江市的科技活跃度指数分别为0.236、0.224和0.197，这三个城市也都是所在省份的教育与科技强市，其中镇江市是苏南国家自主创新示范区的成员城市，芜湖市是合芜蚌自主创新综合配套改革试验区的成员城市。其余城市的科技创新能力均比较差，排名最后的宣城市指数值仅有0.154，境内只有一所本科高校（合肥工业大学宣城分校，2012 年才开始招生）和一所高职院校（宣城职业技术学院），科教资源的短缺严重制约该市的科技发展。

3. 经济稳定性指数

从指数分布上看，江苏省的城市经济稳定性显著高于安徽省的城市，主要原因在于安徽省内各城市的登记失业率要显著高于江苏省内各城市的失业水平，这拉低了滁州市、马鞍山市、芜湖市和宣城市等城市的经济稳定性指数。江苏省内各城市的指数值均超过了 0.4，其中南京市和镇江市的经济稳定性最好，经济稳定性指数均为 0.447，然后是淮安市和扬州市，指数值也分别达到 0.407 和 0.401；安徽省内各城市的指数值都没有超过 0.3，其中芜湖市和滁州市接近于 0.3（指数值分别为 0.294 和 0.293），经济稳定性最差的宣城市，其指数值仅为 0.239。

4. 经济外向性指数

南京都市圈内各城市的经济外向程度均不高，其中南京市、扬州市、镇江市、芜湖市和马鞍山市的经济外向性指数稍高，为 0.116，淮安市、滁州市和宣城市的经济外向性指数稍低，为 0.114，但各城市水平均相差不大，最高只有 0.002 的差距。其中，南京市的经济外向性指数为 0.1162；宣城市的经济外向性指数最小，为 0.1140。从具体指标上看，扬州市、镇江市和淮安市的外循环水平（出口依赖性和外资依赖度）较低，但内循环水平（客运周转量）较高，而滁州市、芜湖市、马鞍山市和宣城市的外循环水平稍高而内循环水平较低，这使得南京都市圈内各城市经济外向性水平较为接近。

5. 经济协调性指数

从指数分布上看，中心城市南京市的经济协调性最好，属于第一层次，其经济协调性指数为 0.226；紧随南京市之后的是芜湖市、扬州市和镇江市，经济协调性指数分别为 0.213、0.212 和 0.212，属于第二层次。接下来依次是马鞍山市、淮安市、滁州市和宣城市，排在最后的宣城市的经济协调性指数值仅有 0.173，位列第三层次。从具体指标上看，江苏省内各城市的金融服务经济发展水平更高、工业能耗水平更低、城镇化水平更高，这使得安徽省内各城市除了芜湖市之外，经济协调性指数普遍落后于江苏省内各城市。

6. 社会发展成果指数

从指数分布的结果可以看出：南京市的社会发展成果最好（分项指数为 0.248），属于第一层次；紧随南京之后的扬州市、镇江市和芜湖市，社会发展成果指数分别为 0.235、0.234 和 0.233，位列第二层次；然后是马鞍山市，分项指数为 0.221，排名靠后的淮安市、宣城市和滁州市，社会发展成果指数分别为 0.186、0.184 和 0.183，这四个城市属于第三层次。从各具体指标上看，除了宣城市和滁州市显著落后于其他城市之外，其他城市在社会及文教卫的发展上各有优势。

7. 生态保护成果指数

宣城市的生态保护成果最高，生态保护成果指数为 0.235，属于第一层次。地处东南丘陵和长江中下游平原的过渡地带的宣城市，境内森林资源丰富，植被覆盖度高，其中广德市、宁国市、泾县、绩溪县和旌德县等山区市县的森林覆盖度非常高，均超过 60%，宣州区和郎溪县等平原地区的森林覆盖度也超过 30%。接下来依次为芜湖市、马鞍山市、滁州市、南京市、镇江市和扬州市，属于第二层次。排名最后的是淮安市，生态保护成果指数为 0.140，位列第三层次。

二、新发展理念下南京都市圈高质量发展的时间演化

利用 2011—2020 年经济发展的数据，本书测度了各年度南京都市圈经济高质量发展水平，得到 2011—2020 年的经济高质量发展总指数。下面从总体发展水平和 7 个维度两个层面对南京都市圈经济发展质量进行分析。

（一）南京都市圈经济高质量发展水平的时间演化——基于总指数的分析

梳理 2011—2020 年南京都市圈经济高质量发展指数发现：2015 年之

前南京都市圈的经济发展质量提升较为缓慢，从 2016 年开始经济发展质量提升较为明显，整体而言该指数呈现长期上升趋势。南京都市圈以自身发展践行了习近平总书记"经济高质量发展"的思想。经济高质量发展指数由 2011 年的 0.210 增加到 2020 年的 0.223，增长了 6.19%。其中，在 2012 年、2015 年和 2017 年出现了小幅下降，由 2011 年的 0.210 下降到 2012 年的 0.206（下降了 1.90%），由 2014 年的 0.211 下降到 2015 年的 0.209（下降了 0.95%），由 2016 年的 0.216 下降到 2017 年的 0.215（下降了 0.46%），详见图 6-1 所示。

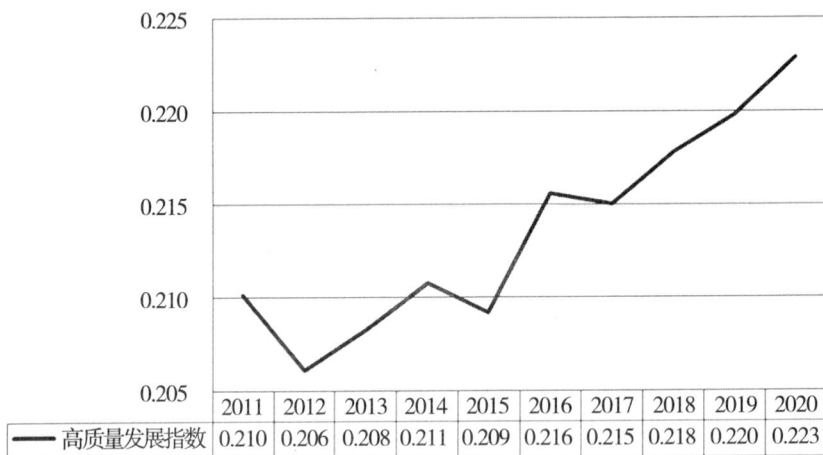

	2011	2012	2013	2014	2015	2016	2017	2018	2019	2020
高质量发展指数	0.210	0.206	0.208	0.211	0.209	0.216	0.215	0.218	0.220	0.223

图 6-1　2011—2020 年南京都市圈经济高质量发展指数的变动趋势

梳理 2011—2020 年南京都市圈内各城市的经济高质量发展指数发现，可以把南京都市圈内各城市的经济发展质量划分为四个层次：中心城市南京市的经济高质量发展指数要遥遥领先于都市圈内的其他成员，这属于第一层次；镇江市、扬州市和芜湖市的经济高质量发展指数相差不大，紧随南京市之后属于第二层次；位于第三层次的是淮安市和马鞍山市，两市的经济发展质量稍逊于上述三市的水平；宣城市和滁州市的经济发展质量显著落后于都市圈内的其他城市，位列第四层次。相对于 2011 年，马鞍山市 2020 年的经济高质量发展指数存在一定程度的倒退（下降了约 1.39 个百分点），但如果拿 2019 年的数据与 2011 年相比，该市的经济发展质量事实上还是有一定的提升（增长了 3.75%）。在经济高质量发展指数实现正变动的城市里，南京市是变动最多的城市，分别增长了 20.85%，该市的经济高质量发展指数由 2011 年的 0.259 增加到 2020 年的 0.313。变动较大的城市还包括扬州市、镇江、宣城市和淮安市，经济高质量发展指数的增幅均超过 5%（详见图 6-2 所示）。

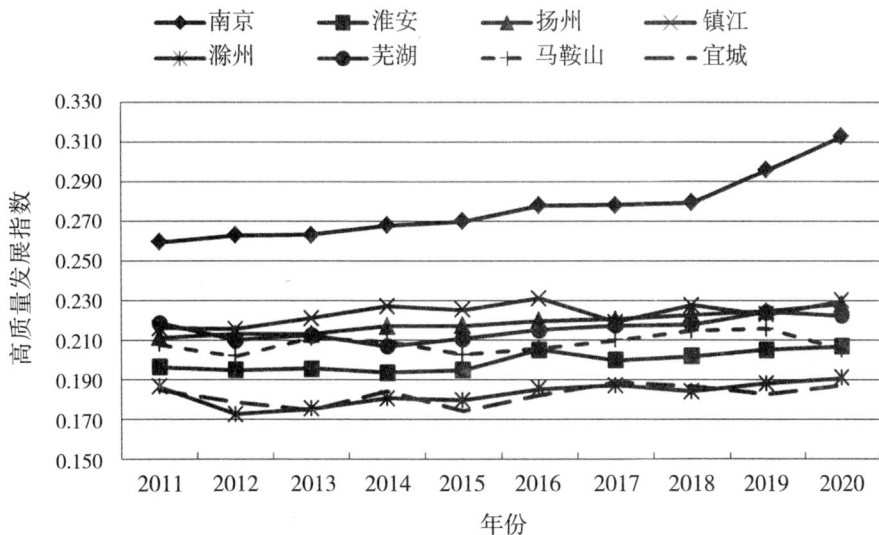

图 6-2　2011—2020 年南京都市圈内各城市经济高质量发展指数的变动趋势

（二）南京都市圈经济高质量发展水平的时间演化——基于 7 个维度的分析

1. 经济发展基础指数

梳理 2011—2020 年南京都市圈经济发展基础指数发现，2015 年之前南京都市圈经济发展基础指数呈现波动趋势，2015—2017 年该指数得到快速提升，之后该指数逐渐下降但波幅收窄。以 2011 年为基期考察该指数的变化趋势，经济发展基础指数由 2011 年的 0.246 增加到 2020 年的 0.248，增长了 0.81%；以 2015 年为基期考察该指数的变化趋势，2020 年经济发展基础指数增长了 1.21%；以 2017 年为基期考察该指数的变化趋势，2020 年经济发展基础指数下降了 6.05%（详见图 6-3 所示）。

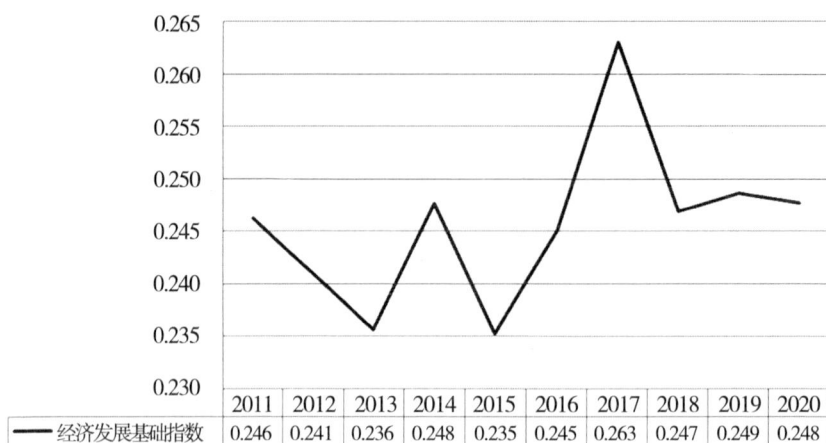

	2011	2012	2013	2014	2015	2016	2017	2018	2019	2020
—— 经济发展基础指数	0.246	0.241	0.236	0.248	0.235	0.245	0.263	0.247	0.249	0.248

图 6-3 2011—2020 年南京都市圈经济发展基础指数的变动趋势

梳理 2011—2020 年各城市的经济发展基础指数发现，可以把南京都市圈内各城市分为四个层次：南京市为第一层次，镇江市、扬州市、芜湖市属于第二层次，马鞍山市、淮安市、滁州市和宣城市位列第三层次。如果以 2011 年为基期考察经济发展基础指数的变动趋势，发现淮安市和马鞍山市的经济发展基础变动最为显著，其中淮安市的经济发展基础指数由 2011 年的 0.202 增加到 2020 年的 0.232，增长了 14.85%，马鞍山市的经济发展基础指数由 2011 年的 0.212 增加到 2020 年的 0.240，增长了 13.21%。紧随其后的是滁州市、宣城市和南京市，三市的经济发展基础指数分别由 2011 年的 0.210、0.208 和 0.327，增加到 2020 年的 0.222、0.211 和 0.331，分别增长了 5.71%、1.44% 和 1.22%；镇江市、芜湖市和扬州市却出现倒退，经济发展基础指数分别由 2011 年的 0.282、0.266 和 0.264 减少到 2020 年的 0.246、0.244 和 0.257，分别下降了 12.77%、8.27% 和 2.65%（详见图 6-4 所示）。

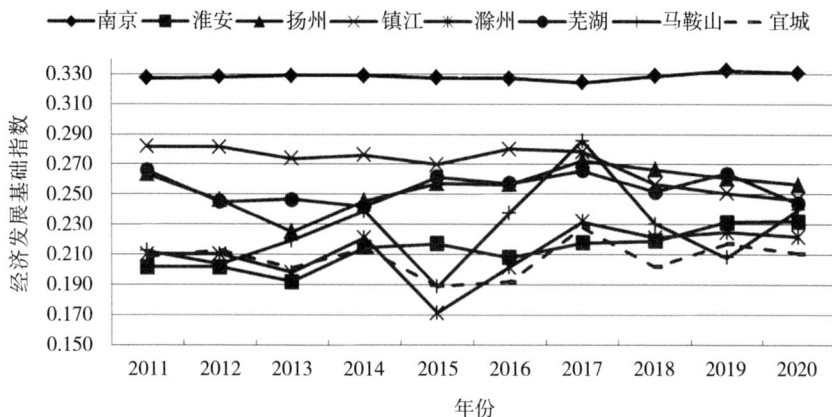

图 6-4 2011—2020 年南京都市圈内各城市经济发展基础指数的变动趋势

2. 科研活跃度指数

梳理 2011—2020 年科研活跃度指数发现，除了在 2013—2015 年出现短期下降之外，南京都市圈的科研水平整体呈上升趋势。其中，2011—2013 年、2015—2017 年的科研活跃度呈现快速上升趋势，2017 年之后呈现缓慢上升趋势。如果以 2011 年为基期考察该指数的变化趋势，2020 年科研活跃度指数增长了 23.41%；如果以 2013 年为基期考察该指数的变化趋势，2020 年科研活跃度指数增长了 12.44%；如果以 2015 年为基期考察该指数的变化趋势，2020 年科研活跃度指数增长了 14.48%（详见图 6-5 所示）。

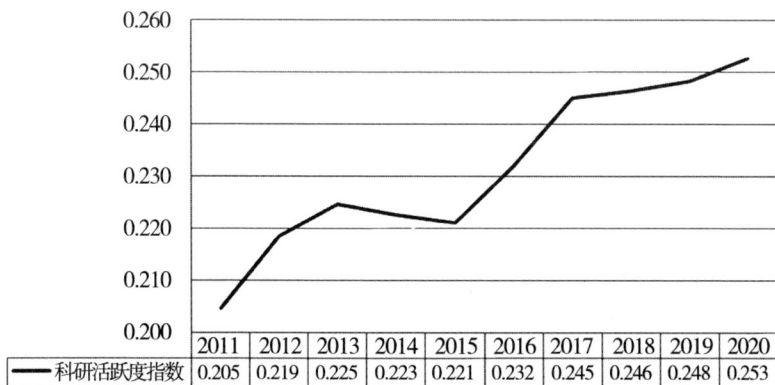

	2011	2012	2013	2014	2015	2016	2017	2018	2019	2020
科研活跃度指数	0.205	0.219	0.225	0.223	0.221	0.232	0.245	0.246	0.248	0.253

图 6-5 2011—2020 年南京都市圈科研活跃度指数的变动趋势

梳理 2011—2020 年南京都市圈内各城市的科研活跃度指数发现，可以把各城市分为两个层次：南京市为第一层次，其余 7 市为第二层次，南京市的科研活跃度显著领先于其他 7 个成员，在其他 7 城市中以扬州市、镇江市和芜湖市的科研活跃度较高。以 2011 年为基期考察科研活跃度指数的变动趋势，发现南京市的科研水平变动最为显著，科研活跃度指数由 2011 年的 0.438 增加到 2020 年的 0.666，增长了 52.05%。紧随其后的是滁州市、芜湖市、淮安市和扬州市，四市的科研活跃度指数分别由 2011 年的 0.143、0.194、0.153 和 0.198 增加到 2020 年的 0.176、0.236、0.185 和 0.224，增长了 23.08%、21.65%、20.92% 和 13.13%。镇江市、马鞍山市和宣城市的科研活跃度变化不大，分别变动 2.60%、2.23% 和 10.00%，由 2011 年的 0.192、0.179 和 0.140 增加到 0.197、0.183 和 0.154（详见图 6-6 所示）。

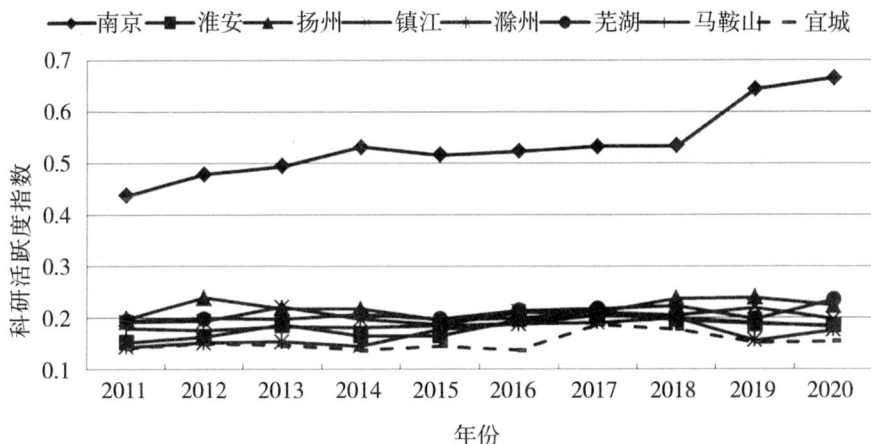

图 6-6　2011—2020 年南京都市圈内各城市科研活跃度指数的变动趋势

3. 经济稳定性指数

梳理 2011—2020 年南京都市圈的经济稳定性指数发现，经济稳定性的变动基本可以划分为两个发展阶段：经济稳定性在 2017 年之前显示出波动下降的发展趋势，由 2011 年的 0.373 减少到 2017 年 0.318，其中在 2012—2016 年该指数保持相对稳定；而在 2017 年之后南京都市圈经济发展的稳定性显示出逐渐增强的发展态势，由 2017 年的 0.318 增加到 2020

年的 0.350。如果以 2011 年作为基期考察经济稳定性指数的变化趋势，2020 年南京都市圈的经济稳定性下降了 6.17%；如果以 2017 年作为基期考察该指数的变化趋势，2020 年经济稳定性则提升了 10.06 个百分点（详见图 6-7 所示）。

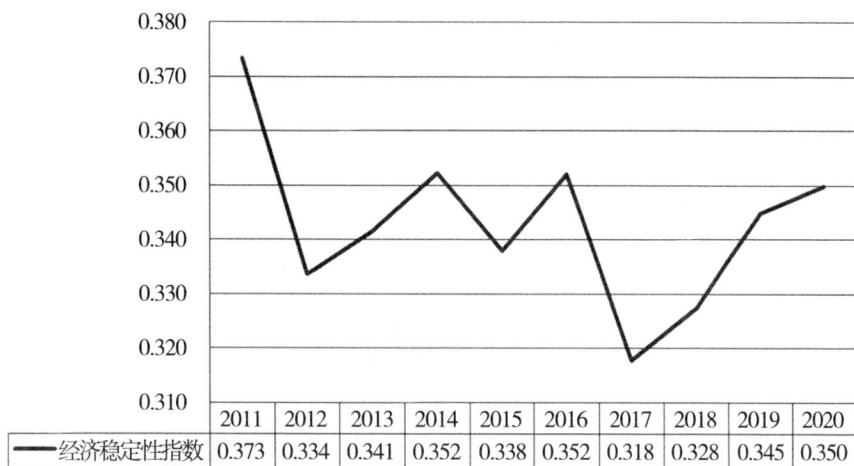

	2011	2012	2013	2014	2015	2016	2017	2018	2019	2020
经济稳定性指数	0.373	0.334	0.341	0.352	0.338	0.352	0.318	0.328	0.345	0.350

图 6-7　2011—2020 年南京都市圈经济稳定性指数的变动趋势

梳理 2011—2020 年南京都市圈内各城市的经济稳定性指数发现，除了宣城市和滁州市的经济稳定性稍逊之外，其他 6 个城市的经济稳定性指数相差不大，其中镇江市的经济稳定性表现最好，然后是淮安市和南京市。如果以 2011 年为基期考察经济稳定性指数的变动趋势，镇江市、南京市和扬州市的经济稳定性指数实现了正的增长，分别由 2011 年的 0.382、0.384 和 0.375 增加到 2020 年的 0.447、0.447 和 0.401，增长了 17.02%、16.41% 和 6.93%。而马鞍山市、宣城市、芜湖市、滁州市和淮安市的经济稳定性指数则表现为负增长，分别下降了 31.39%、21.38%、19.45%、17.93% 和 4.01%，由 2011 年的 0.395、0.304、0.365、0.357 和 0.424 下降到 2020 年的 0.271、0.239、0.294、0.293 和 0.407（详见图 6-8 所示）。

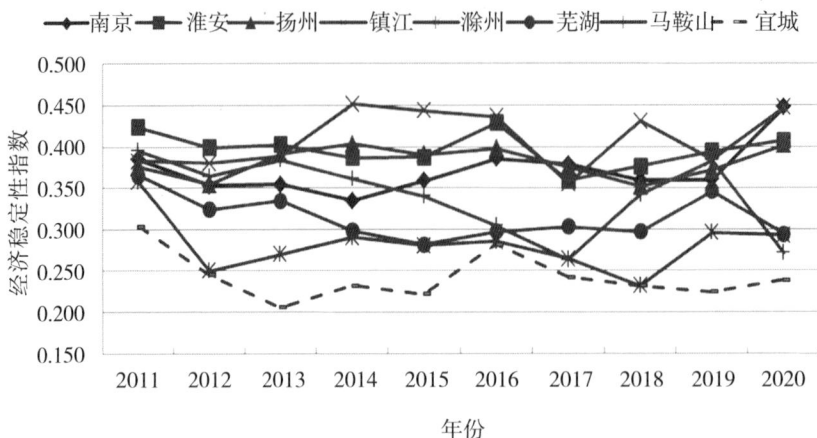

图 6-8 2011—2020 年南京都市圈内各城市经济稳定性指数的变动趋势

4.经济外向性指数

梳理 2011—2020 年南京都市圈经济外向性指数，可以把该指数的变化趋势划分为两个阶段：2019 年之前经济外向性指数稳定提升，由 2011 年的 0.116 增加到 2019 年的 0.117，经济外向性指数增长了 0.86%；2019 年之后经济外向性指数出现显著下降，经济外向性指数减少到 2020 年的 0.115，下降了 1.71%。数据显示，受新型冠状感染疫情的冲击，在 2020 年进出口贸易和实际利用外资的增速放缓，国际旅游收入和国内旅客周转均显著下降，这使得经济外向性水平在 2020 年显著下降（详见图 6-9 所示）。

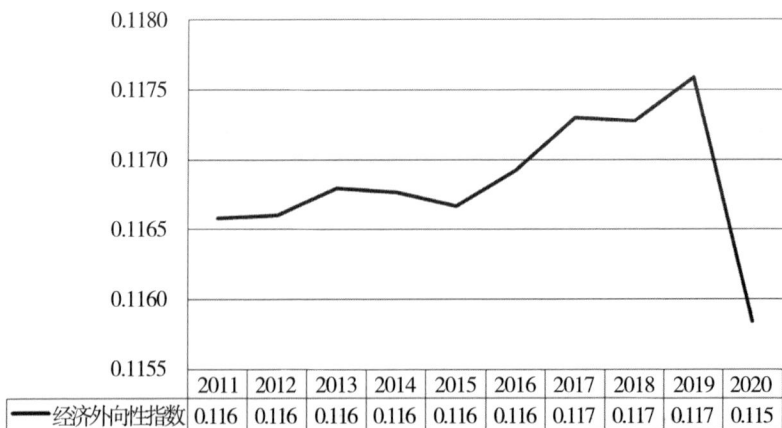

	2011	2012	2013	2014	2015	2016	2017	2018	2019	2020
经济外向性指数	0.116	0.116	0.116	0.116	0.116	0.116	0.117	0.117	0.117	0.115

图 6-9 2011—2020 年南京都市圈经济外向性指数的变动趋势

梳理 2011—2020 年南京都市圈内各城市的经济外向性指数发现，沿江的南京市、扬州市、镇江市、芜湖市和马鞍山市的经济外向性水平均要高于非沿江的淮安市、滁州市和宣城市。以 2011 年为基期考察经济外向性指数的变动趋势，只有滁州市的经济外向性指数实现微弱提升（仅增长了 0.04%），其他 7 个城市的经济外向性指数均存在不同程度的下降。其中，南京市和扬州市的经济外向性指数下降最多，分别下降了 2.23% 和 1.02%；其次是芜湖市、镇江市、宣城市、马鞍山市和淮安市，分别下降了 0.89%、0.36%、0.26%、0.22% 和 0.12%（详见图 6-10 所示）。

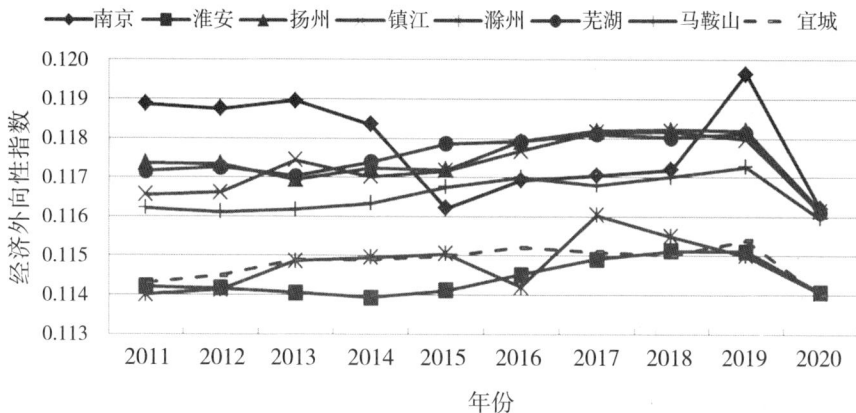

图 6-10 2011—2020 年南京都市圈内各城市经济外向性指数的变动趋势

5. 经济协调性指数

梳理 2011—2020 年南京都市圈经济协调性指数发现，以 2014 年为分界点可以将该指数的变动划分为两个阶段：该指数由微弱下降转变为逐年递增，这说明南京都市圈的经济发展逐渐趋于协调。以 2011 年为基期考察经济协调性指数的变化趋势，2020 年经济协调性指数上升了 6.38%；以 2014 年为基期考察该指数的变化趋势，2020 年经济稳定性指数提升了 7.53%（详见图 6-11 所示）。

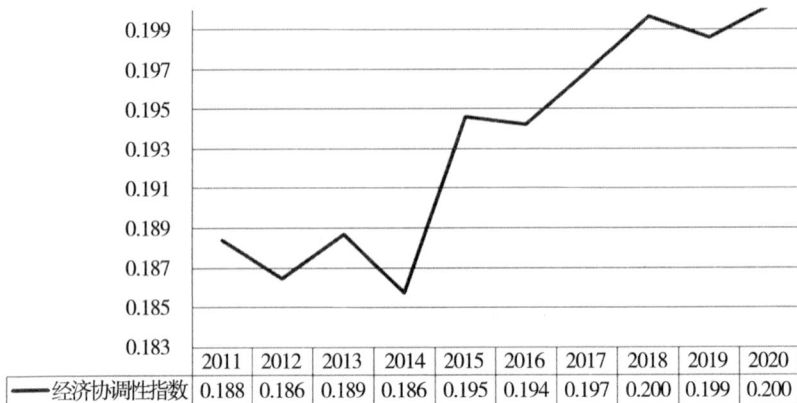

图 6-11 2011—2020 年南京都市圈经济协调性指数的变动趋势

	2011	2012	2013	2014	2015	2016	2017	2018	2019	2020
经济协调性指数	0.188	0.186	0.189	0.186	0.195	0.194	0.197	0.200	0.199	0.200

梳理 2011—2020 年南京都市圈内各城市经济协调性指数，可以发现沿江各城市的经济协调性均要好于非沿江各城市，其中沿江城市经济发展的协调性以南京市的表现最好，非沿江城市发展的协调性以宣城市的表现较差。以 2011 年为基期考察经济协调性指数的变动趋势，马鞍山市的经济协调性指数变动最为显著，由 2011 年的 0.187 增加到 2020 年的 0.206，增长了 10.16%。紧随其后的是芜湖市、南京市、镇江市和扬州市，变动幅度均超过 7%，分别增长了 8.06%、7.91%、7.40% 和 7.09%。排在最后的是滁州市、淮安市和宣城市，分别增长了 5.87%、3.68% 和 0.79%（详见图 6-12 所示）。

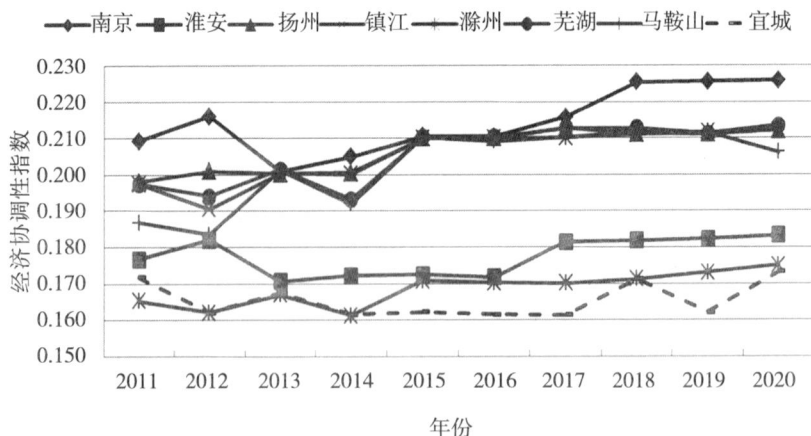

图 6-12 2011—2020 年南京都市圈内各城市经济协调性指数的变动趋势

6. 社会发展成果指数

梳理 2011—2020 年南京都市圈的社会发展成果指数，可以发现以文教卫、就业与社会保障等为代表的民生与社会事业逐步趋于改善，除了在部分年份（2017 年和 2019 年）出现了短暂的小幅下滑。以 2011 年为基期考察民生与社会事业的发展变化趋势，2020 年南京都市圈的社会发展成果指数增长了 18.68%，由 0.182 增加到 0.216（详见图 6-13 所示）。

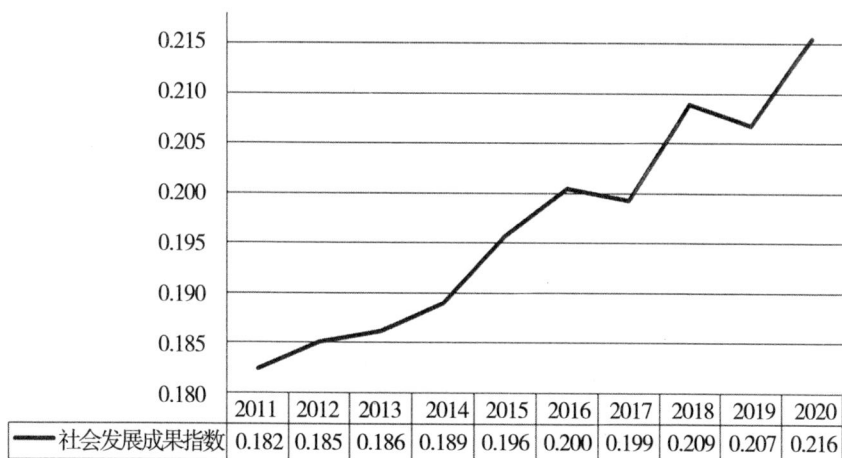

	2011	2012	2013	2014	2015	2016	2017	2018	2019	2020
社会发展成果指数	0.182	0.185	0.186	0.189	0.196	0.200	0.199	0.209	0.207	0.216

图 6-13　2011—2020 年南京都市圈社会发展成果指数的变动趋势

梳理 2011—2020 年南京都市圈内各城市社会发展成果指数发现，都市圈内所有城市的社会发展成果指数均呈现稳定递增的趋势，具体来看，南京市、扬州市、镇江市、芜湖市和马鞍山市的社会发展成果高于淮安市、滁州市和宣城市。相对于 2011 年的水平，除了淮安市的社会发展成果指数变动稍低之外，其他 7 市的社会发展成果指数的变动均超过 10%，其中南京市、扬州市和镇江市的指数值变动最高，分别为 26.53%、23.68% 和 23.16%，分别由 2011 年的 0.196、0.190 和 0.190 增加到 2020 年的 0.248、0235 和 0.234（详见图 6-14 所示）。10 年来，南京都市圈内各城市的社会与文教卫事业均取得了长足的进步。

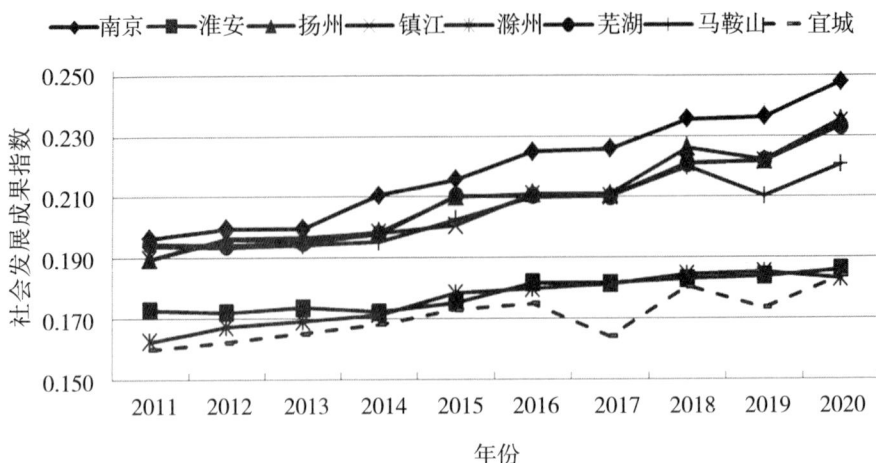

图 6-14　2011—2020 年南京都市圈内各城市社会发展成果指数的变动趋势

7. 生态保护成果指数

梳理 2011—2020 年生态保护成果指数发现，除了在 2013—2014 年出现短期波动之外，10 年来南京都市圈的生态环境逐渐改善，以 2017 年为拐点，该指数由平稳增长转为快速上升。南京都市圈生态保护成果指数由 2011 年的 0.160 增加到 2020 年的 0.179，增长了 11.88%。南京都市圈用自己的实践践行了习近平总书记"绿水青山就是金山银山"的生态文明思想（详见图 6-15 所示）。

梳理 2011—2020 年南京都市圈内各城市指数发现，都市圈内各城市的生态环境均实现了不同程度的改善，以宣城市、马鞍山市、滁州市、芜湖市、南京市为最为典型，生态保护成果指数分别增长了 20.51%、15.79%、13.82%、12.24% 和 12.06%，分别由 2011 年的 0.195、0.171、0.152、0.196 和 0.141 增加到 2020 年的 0.235、0.198、0.173、0.220 和 0.158（详见图 6-16 所示）。

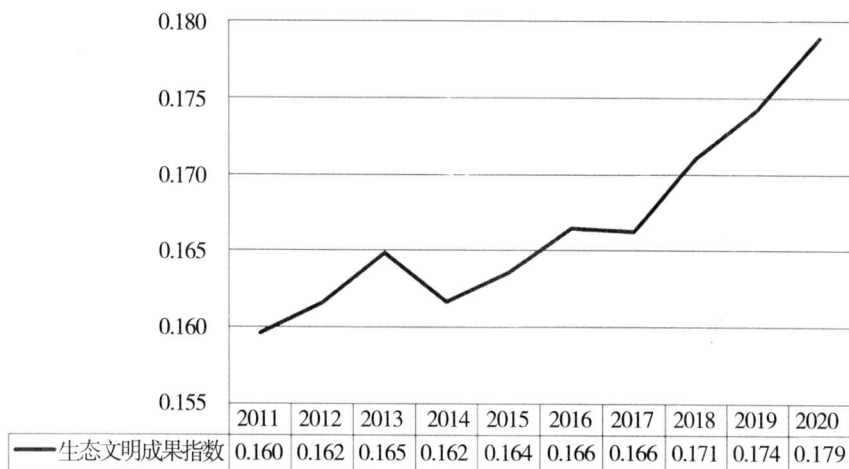

	2011	2012	2013	2014	2015	2016	2017	2018	2019	2020
生态文明成果指数	0.160	0.162	0.165	0.162	0.164	0.166	0.166	0.171	0.174	0.179

图 6-15　2011—2020 年南京都市圈生态保护成果指数的变动趋势

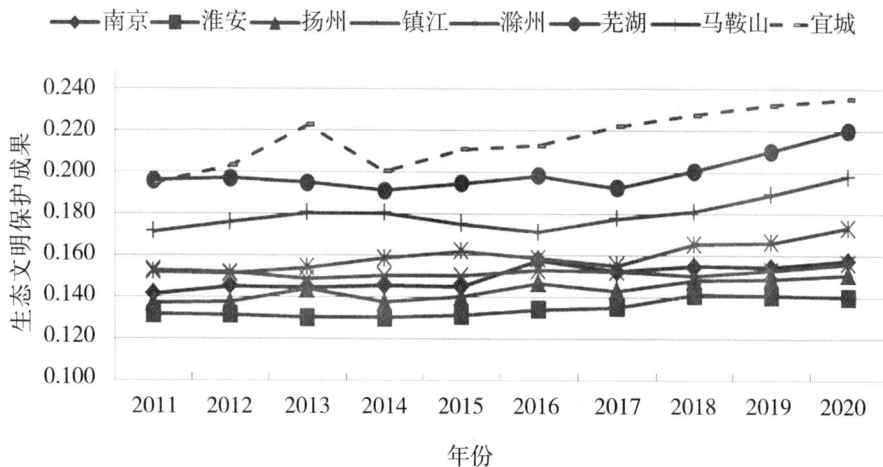

图 6-16　2011—2020 年南京都市圈内各城市生态保护成果指数的变动趋势

第七章 推进南京都市圈经济高质量发展的路径与机制

第一节 国际性都市圈经济发展的经验与借鉴

都市圈经济是城镇化发展到一定阶段的产物，城市经济的发展、城市空间的扩张、城市数量的增加，推动了都市圈的发展。纵观国内外，纽约都市圈、东京都市圈、伦敦都市圈等国际性都市圈的崛起，上海都市圈、北京都市圈、深莞惠都市圈等国内有影响力都市圈的出现，这些都市圈在发展过程中所表现出来的共性和特殊性、解决所面临的问题时采用的方法，都对南京都市圈的高质量发展具有一定借鉴价值。

一、国际性都市圈的发展情况

（一）纽约都市圈

纽约都市圈亦称波士华城市群，即法国地理学家戈特曼（J. Gottman，

1957）在《大城市连绵区：美国东北海岸的城镇化》一文中描述的美国东北部大西洋沿岸城市群，该城市群沿美国东北部大西洋沿岸（东西宽48~160千米、南北长约956千米的地带）分布。纽约大都市圈以纽约市为核心，涵盖了北起波士顿、南到华盛顿的一系列40余个大中小城市，包括纽约、波士顿、费城、巴尔的摩、华盛顿等5个大城市，通过一些中小城市将这五大城市连成一片。纽约都市圈以仅占全美1.5%的国土面积，集中了美国超20%的人口规模，创造了美国超过30%的制造业产值。纽约都市圈形成于20世纪20—50年代。随着现代科学技术的迅猛发展，都市圈形态演化和枢纽功能日臻完善并于20世纪50年代走向成熟。

（二）东京都市圈

东京都市圈位列日本三个都市圈（另外两个都市圈分别为大阪都市圈和名古屋都市圈）之首，也是世界上最大的城市聚集体。东京都市圈位于日本列岛中部、本州岛关东平原的南部，沿着东京湾的房总半岛和三浦半岛分布。东京都市圈是以日本首都东京都为中心方圆50~70千米范围内区域所组成的都市连绵区，包括1都（即东京都）和7县（即神奈川县、埼玉县、千叶县、栃木县、茨城县、群马县和山梨县）。东京都市圈以占日本9.8%的国土面积，汇集了日本超1/3的人口规模，创造了全日本超7成的GDP和超过3/4的工业产值。东京都市圈形成于20世纪50—90年代，随着20世纪90年代末《第五次首都圈基本规划》的出台趋向成熟。

（三）伦敦都市圈

伦敦都市圈也称伦敦—伯明翰—利物浦—曼彻斯特城市群，位于英格兰东南部泰晤士河平原，沿着伦敦—利物浦发展轴分布。伦敦都市圈以伦敦市为核心，包括伦敦、利物浦、曼彻斯特、伯明翰等数个大城市，由众多中小城市串联起来而形成的都市连绵区。伦敦都市圈以占全英18.4%的国土面积，承载了英国超过6成的人口规模，创造了英国超80%的经济总量。伦敦都市圈萌芽于18世纪后半叶的工业革命时期，产生于20世

40年代"组合城市"理念的提出，形成于20世纪70年代，随着《伦敦战略规划白皮书》（1992）的发布而趋于成熟。

（四）巴黎都市圈

巴黎都市圈又被称为欧洲西北部大都市圈，是一个横跨荷兰、比利时、德国、法国等四国的跨国都市圈，都市圈内各城市主要沿塞纳河、莱茵河两岸分布，包括法国的巴黎，比利时的布鲁塞尔、安特卫普，德国的科隆，荷兰的阿姆斯特丹、鹿特丹等40余座城市所组成的都市连绵区。巴黎都市圈由三个圈层组成：第一圈层为巴黎都市区，第二圈层为巴黎大都市区，第三圈层为巴黎大都市圈。巴黎都市圈经济发达，是仅次于纽约都市圈和东京都市圈的世界第三大城市集合体。巴黎都市圈起始于20世纪30年代的PROST规划，形成于20世纪50—90年代，成熟于21世纪初。

二、发达国家都市圈经济发展的经验与借鉴

比较欧美日等地区的都市圈发展经验，发现其所具有的规律性特征，为南京都市圈的发展提供重要经验与启示。

（一）超强的中心城市

中心城市经济体量大，消费市场广阔，服务功能齐全，是推动区域经济发展的增长极。中心城市所具有的强大的资源集聚能力和辐射带动能力，能够带动周边城市的发展。一般来说，中心城市的经济实力以及与周边城市的紧密程度，会直接决定都市圈的经济实力。纽约、东京、伦敦、巴黎和上海无疑都是所在都市圈的绝对核心。纽约是美国第一大城市，是全美乃至全球的经济中心，金融、商业、生产性服务业是其支柱产业，此外服装、印刷出版、化妆品等行业也居全美首位，机器制造、军火生产、石油加工和食品加工也占据重要地位，2021年实现地区生产总值约合人民币7.12万亿元，人均地区生产总值达到80.86万元。东京是日本第一大、世界第二大城市，是日本的政治、经济和文化中心，金融、商业、服务业是其支

柱产业，钢铁、造船、化工、电子等产业非常发达，电机、纤维、石油化工、精密仪器等也有突出的地位，2021 年实现地区生产总值约合人民币6.64 万亿元，人均地区生产总值达到 47.58 万元。伦敦是英国的经济中心，也是欧洲最大的经济中心，金融业是伦敦最重要的经济支柱，拥有世界上最大的外汇市场（外汇交易量约占全世界的 45%）、国际保险中心（拥有800 多家保险公司）、银行市场（拥有 500 多家银行），此外零售业、专业服务业（如法律服务、会计服务、管理咨询等）、文化创意产业等产业也异常发达，2021 年实现地区生产总值约合人民币 4.30 万亿元，人均地区生产总值达到 47.77 万元。巴黎是法国的最大城市，也是欧洲大陆最大的城市，是西欧地区的经济与文化中心，第一、第二、第三产业均非常发达，食品加工业、钢铁、汽车和现代服务业都是其支柱产业，2021 年实现地区生产总值约合人民币 4.25 万亿元，人均地区生产总值达到 38.68万元。

（二）完善的城市等级体系

强有力的中心城市是都市圈发展的必备条件，但都市圈的发展仅仅依靠中心城市的辐射和带动是远远不够的。成熟的都市圈都有一个完善的城市结构，这个结构是由不同规模、不同层级、功能互补的城市所组成的有机体系，圈内各成员城市围绕中心城市这个核心进行合理布局。完善的城市等级体系，有助于都市圈的分工和专业化的发展，实现区域经济快速、稳定发展。纽约都市圈、东京都市圈和伦敦都市圈作为成熟的都市圈，都已经形成了"中心城市—副中心城市—中小城市—小城镇"的金字塔式格局。纽约都市圈以纽约市为核心，以华盛顿、波士顿、费城和巴尔的摩等10 座人口超百万的城市为副中心，包括大大小小 50 余座城市所组成。东京都市圈以东京都为中心，以东京湾的 10 座人口超百万的大城市（如横滨市、川崎市、千叶市等）为副中心，包括 100 多个市町村所组成。伦敦都市圈以首都伦敦为中心，以伯明翰、谢菲尔德、曼彻斯特、利物浦等 4座人口超百万的城市为副中心，包括 10 多座中小城市和众多小城镇所组成。巴黎都市圈以巴黎为中心，以阿姆斯特丹、布鲁塞尔等5座人口超百万的城市为副中心，包括大大小小40多座城市。

（三）合理的产业分工

都市圈内各城市的协调发展是建立在合理的产业分工基础上的，通过分工协作实现优势互补，共同发挥整体集聚的功能。纽约都市圈、东京都市圈和伦敦都市圈在世界城市的地位及影响力，主要得益于都市圈内的区域合理分工。在纽约都市圈，纽约集金融中心和商贸中心于一体，为都市圈内各城市以及全美各地区经济发展提供服务；各城市都依据自身特点寻找与纽约的错位发展之路，如波士顿发展高新技术产业、医疗服务、交通运输等产业，费城发展港口运输、军工产业、电子产业等产业，巴尔的摩发展矿产业和航运业，首都华盛顿重点发展文化产业、旅游业。在东京都市圈，东京是金融、信息、科教中枢，服务都市圈内其他城市以及全国经济的发展；其他城市在"展都型首都机能再配置"计划下依据自身的基础和特色承接首都疏散出来的产业：多摩地区和茨城地区的大学和科研机构林立，大力发展高新技术产业，神奈川地区和千叶地区是工业集聚地，此外还利用其所拥有的便利的交通条件发展空港和港湾等运输业，埼玉地区成为东京疏散政府职能的承接地。在伦敦都市圈，金融业是伦敦的第一大支柱产业，20世纪70年代，伦敦抓住了信息化浪潮的契机大力发展文化创意产业，现在文化产业已经成为伦敦的第二支柱，此外各式服务业也是伦敦产业的亮点，服务都市圈内各城市和全英的经济发展；其他城市依据自身定位实现与伦敦的错位发展：伯明翰是英国的制造业中心，是现代冶金业（黑色金属和有色金属）和机器制造业的创始地；谢菲尔德和利物浦以制造业、体育产业为主导产业；曼彻斯特是英国工业中心和商业中心，化工、电子、印刷等是其主导产业。在巴黎都市圈，以制造业、金融业、文化产业等产业为支柱产业的巴黎，引领和辐射都市圈内其他城市的发展；鲁尔是德国、欧洲乃至世界最重要的工业区，为战后德国经济的恢复和崛起发挥过重大作用；安特卫普是文化中心、商贸中心，以钻石加工和商贸为特色；阿姆斯特丹是荷兰的金融商贸中心，服务业发达；卢森堡是欧洲以及世界最大的钢铁工业中心；布鲁塞尔是欧洲的政治中心，服务业发达，制造业也是其支柱产业。梳理这些国际性都市圈的城市功能定位和主导产业，错位发展和合理分工是其实现高质量发展的基本经验。四个都市圈各城市功能定位及主导产业如表 7-1 所示。

表 7-1　四个都市圈各城市功能定位及主导产业

都市圈		城市定位	主导产业
纽约都市圈	纽约	金融中心、文化中心	金融业、现代服务业等
	波士顿	科教中心	高新技术产业、医疗服务、交通运输等
	费城	工业城市	港口运输、军工产业、电子产业等
	巴尔的摩	工业城市、航运中心	矿产业、航运业等
	华盛顿	政治中心、文化中心	文化产业、旅游业等
东京都市圈	东京	金融中心、航运中心、科教中心	金融业、信息与软件、出版印刷业、运输业等
	横滨	航运中心、工业中心	重化工、精密制造、港口业等
	川崎		钢铁、石油化工、造船等

续表

都市圈	城市定位		主导产业
伦敦都市圈	伦敦	金融中心、航运中心	金融业、专业服务业、文化产业等
	曼彻斯特	工业中心、文化中心、商贸中心	电子信息、化工、印刷出版等
	伯明翰	工业中心	现代冶金业、机器制造业等
	谢菲尔德	工业中心	钢铁制造、体育产业等
	利物浦	航运中心	旅游业、体育产业、制造业等
巴黎都市圈	巴黎	金融中心、制造业中心	金融业、汽车制造、电器、化工、医药、食品、文化产业、旅游业等
	鲁尔	工业中心	以采煤、钢铁、机械制造、化学等重工业为核心
	安特卫普	文化中心、商贸中心	文化产业、钻石加工与贸易、造船等
	阿姆斯特丹	金融商贸中心	金融业、港口商贸、制造业等
	卢森堡	金融中心、工业中心	金融业、钢铁工业等
	布鲁塞尔	政治中心	服务业、制造业

　　各城市的错位发展和合理分工，为城市之间加强联系提供了条件。除此之外，建立在良好的交通与通信等基础设施的基础上的畅通的经济联系，也是这些都市圈一体化发展的重要条件。

第二节　南京都市圈推进经济高质量发展的实现机制

一、经济区经济与行政区经济的矛盾

所谓"行政区经济"是基于行政区划而言的，在政府主导下人为地对相互关联的自然区域进行划界，"行政区经济"突出"分"的内涵；而"经济区经济"则是基于经济融合，在市场机制作用下不同行政区域的自主组合，"经济区经济"更加强调"内聚外合"的作用。具体来看，二者的差异性体现在如下几个方面，如表7-2所示。

表7-2　经济区经济与行政区经济的差异性

项目	经济区经济	行政区经济
发展导向	市场导向 企业部门以市场为推动力，通过自主经营、自主决策，实现生产要素的市场化流动。 经济体拥有自主发展和自由选择的权力。	政绩导向 地方政府以政绩为推动力，在政绩驱使下会对企业经营强力干预。 企业出于获取特殊利益考虑，在与地方政府合作中进行权力寻租。
利益共享	利益共享 共享性是经济区经济的显著特征，这是区域内企业、政府相互合作的原动力。	利益排他 排他性是重要特征，行政主体的不同利益诉求会导致利益的区域分割。 在缺少制度约束下以谋求自身利益最大化为目标的地方政府会做出损害整体利益的选择。

续表

项目	经济区经济	行政区经济
利益边界	无显著边界 各成员基于市场原则实现产品和要素的自由流动。 运作空间是开放性的。	有明显疆界 每个行政主体按照行政关系在不同的利益诉求下，在特定的权力空间内自主处理各种事务而不能越出行政边界。
成员地位	平等的 虽然规模和实力存在差异，但各成员在法律地位上是平等的 各成员之间是横向的合作关系。	非对等的 基于公共权力在地域上的分配形成不同的行政等级。 各城市之间是纵向的管辖与被管辖的关系。

行政区经济在计划经济体制下在调动地方积极性方面的确发挥了重要作用（王永钦 等，2007），但随着市场经济的发展，在现代交通与通信技术的作用下，大城市的影响力早已突破原有边界，经济发展就需要按照都市圈（城市群）的运行规律打破行政边界发展成为经济区经济。我国目前已经进入了城镇化进程的下半场——都市圈（城市群），是时候由行政区经济向经济区经济变迁了。南京都市圈在行政区划上横跨苏皖两省，通过区域经济整合让分属不同行政区域内的城市突破利益固化，走集群化的变迁之路，是推动南京都市圈实现经济高质量发展的关键所在。同时，南京都市圈的"一市独强，七市皆弱"的现象使得中心城市南京的首位度较高，都市圈内各城市的经济发展不均衡现象突出，通过区域经济整合使都市圈内各城市协调发展，这也是推动南京都市圈实现经济高质量发展的核心内容。

二、南京都市圈高质量发展的经济整合机制

（一）区域经济整合

1.区域经济整合的内涵

区域经济整合（regional economic integration）即前文提到的区域经

济一体化，强调区域经济之间的完全联合。这种联合，并不在于经济实力、城市及人口规模的简单相加，更在于向更高层次、更深层面推进经济整合，即实现经济一体化和行政一体化（张颢瀚，2017）。经济的一体化包括：其一是城镇体系整合，通过不同城市之间的生产要素重组，打破城镇间的封锁格局、突破城乡之间的分割状态；其二是产业整合，要求各城市基于自身的经济基础和资源禀赋特点，在经济区域内培育合理分工和优势互补的产业体系；其三是基础设施整合，表现在对现有基础设施进行整合利用以及基础设施建设的统一规划和实施上。行政的一体化包括：其一是制度整合，构建符合市场运行规则的统一开放的市场规则和营商环境；其二是观念整合，克服行政区经济各自为政的做法，经济发展有全局观念和整体意识；其三是协调机制整合，构建多元化的协调机制，及时解决发展中遇到的问题。对于经济一体化而言，应该在市场化导向下以要素的自由流动和城市的合理分工为基础；对于行政一体化而言，应该在政府机制的作用下以构建规范化、制度化、常态化的协调机制为基础。刘静玉等（2005）基于要素流动性和经济系统的角度界定了经济整合的内容：其一是城市群经济系统整合，包括产业整合和市场整合；其二是经济支持系统整合，包括区域系统整合和基础设施整合；其三是区域协调制度建设，构建区域内部统一、协调和有效的竞争规则。王发曾等（2007）则把经济整合归结为6个方面：竞争力、城市体系、产业、空间、生态环境和支持平台等。

　　2. 利益协调是经济整合的关键所在

　　利益是推动社会发展的现实基础，早在2000多年前司马迁就指出"天下熙熙，皆为利来；天下攘攘，皆为利往"，马克思也说"任何个人如果不是同时为了自己的某种需要和为了需要的器官而做事，他就什么也不能做"[1]，所以利益是人类一切经济活动的起点和归宿点。经济区经济与行政区经济拥有不同的利益主体，它们的利益诉求既相互交叉又相互分异，甚至可能存在矛盾。行政壁垒源于地方政府间的利益冲突，行政过度干预

----

[1] 马克思恩格斯全集（第3卷）[M]. 北京：人民出版社，1960：286.

也源于地方政府对经济利益的追求。从大城市到都市圈（城市群），从行政区经济到经济区经济，协调各地方政府的经济利益、实现不同行政主体的利益共赢是经济整合的关键所在和核心内容。利益协调涉及三个层面的协调：首先是地方政府之间的利益协调，南京都市圈内有 8 个地级行政单元、60 个县级行政单元、661 个镇级行政单元，每个行政单元、每一级行政单元都有自己相对独立的经济利益，强势主体若凭借行政等级、城市规模（或经济实力）等获取特殊利益，就势必损害弱势主体的利益，这从长远看将损害都市圈的整体利益。其次是政府与公众之间的利益协调、政府与企业之间的利益协调，构建政府与企业、公众的良好关系，在某种程度上决定一国经济发展的自由度和活力。对于这两个层面的利益协调，可以通过深化改革、政府职能转变来实现。最后是公众之间的利益协调、企业之间的利益协调、企业与社会公众之间的利益协调，这个层面的利益协调可以在市场机制的作用下实现。

（二）区域经济整合机制

1. 市场机制：自下而上（bottom-up）的拉动力

市场机制是以价格机制为核心引导经济资源和生产要素的自由流动，所产生的集聚效应和扩散效应催生都市圈内各城市建立广泛的、内在的联系。都市圈作为现代经济的延伸，其产生与发展均离不开市场机制的经济整合作用。无论是纽约都市圈的形成与发展，还是伦敦都市圈、巴黎都市圈的形成与发展，均是市场机制的产物。市场对经济的整合是指将国民经济的各部门、社会再生产的各环节耦合为一个有机整体，具体表现为以下三方面：①对经济结构的整合，即将都市圈（城市群）内各城市的经济活动整合到市场这个纽带下，形成有机联系的区域经济结构；②对经济运行的整合，即社会再生产的各个环节均纳入市场机制的作用范畴，由市场主体在市场机制的作用下自主决定为谁生产、生产什么、生产多少和如何生产；③对运行动力的整合，将分属于不同部门、不同城市的市场主体的主观动力，通过市场这只"看不见的手"的作用协调成为推动都市圈（城市群）整体利益的客观动力。

2. 政府职能转变：自上而下（top-down）的推动力

经济区经济与行政区经济之间的矛盾产生的根源，从根本上说是因为地方政府职能转变的不到位。转变政府职能，首先要定好位（即弥补市场失灵）。无论是从经济理论上看，还是从社会实践上看，市场机制在推动都市圈经济整合方面都是具有最优效率的，但市场机制并非总是有效，它可能导致产业结构、人口与资源结构的分布不合理，这就需要依靠政府机制消弭市场运行中产生的各种失灵现象。其次要"切实把政府经济管理职能转到主要为市场主体服务和创造良好发展环境上来"[1]，这实际上是强调要构建服务型政府，使政府由经济活动主体转变为制度的供给者、政策的制定者。最后要建设"有为政府"[2]，转变政府职能并不意味着政府不管不问，而是应制定更细致、更科学的发展规划，运用更灵活、更准确的策略手段。

---

[1] 中共中央关于完善社会主义市场经济体制若干问题的决定 [EB/OL]. 中国政府网: http://www.gov. cn/test/2008-08/13/content_1071062.htm.

[2] "有为政府"的概念是由新结构经济学（new structural economics）提出的，要求政府在经济的不同发展阶段，因时、因地制宜地培育、监督市场的发展、弥补和纠正市场的不足，以增进全社会长期福利。具体看，包括两层含义：一是"动态变迁(structural transformation)"，要求政府根据经济发展所表现出来的阶段性特征和结构性特征，克服不同阶段出现的市场失灵；二是"改革"，政府职能要随着经济结构的发展变化，适时主动进行改革。

第三节　南京都市圈实现经济高质量发展的对策建议

一、保持国民经济的持续平稳增长

在新形势下，纷繁复杂的国内外形势给南京都市圈保持国民经济持续稳定增长带来巨大挑战。从国际层面看，全球经济增长放缓，出现逆全球化现象，国际竞争加剧，等等；从国内层面看，我国经济步入新常态，原有的粗放式发展模式难以为继，供求结构发生了根本性变化。保持国民经济运行在合理区间，才能为经济结构调整和高质量开放创造稳定宏观经济环境。

（一）聚焦重点：为中小企业的稳定发展助力

中小企业是促进就业（吸纳农村剩余劳动力）、改善民生（提高居民收入水平）的主力军，一些专精特新中小企业还是技术创新的生力军，中小企业的发展还有助于活跃市场，是经济活力的表现。在国内外多重压力之下，广大中小企业承压前行，刘志勤（2019）认为需要给中小企业"打气"、"充气"和"鼓气"："打气"的意思是为中小企业找活干（即寻找订单），一方面要鼓励企业顺应市场需求，提供满足市场需求的产品或服务，另一方面要推进供给侧结构性改革，在市场准入方面鼓励中小企业探索新领域；"充气"即在人才、资金等领域给予支持，中小企业在人才招揽、融资方面，既缺乏竞争力又没有吸引力，这就需要政府为其定期"充气"，以保持其生命力；"鼓气"即营造良好的营商环境，为中小企业的发展提供公开透明、公平竞争的市场环境。池仁勇等（2022）认为要从"输血"走向"造血"："输血"要求多措并举为中小企业发展"输血补气"，帮助解决融资、用工、原材料等方面的困难；"造血"是指建立中小企业自我成长的机制，如优化营商环境、促进科技创新、拓宽融资渠道等。

（二）疏通堵点：保持国民经济的平稳运行

当前，企业实现稳定增长面临着多重制约经济发展的"堵点"，这种堵点可能来自需求端。贾康等（2021）提出要从优化收入分配机制、消弭"二元经济"、扩大有效投融资等角度疏解内需的堵点，从提升供应链弹性的角度化解外需的堵点。这种堵点也可能来自供给端，夏诗园等（2021）认为应从完善科技创新体制机制、建设现代流通体系、要素自由流动等角度设计化解供给端的堵点。此外，张磊等（2022）从建设全国统一大市场的角度探讨疏解经济高质量发展的堵点，强调要厘清政府活动与市场活动的边界，在此基础上建设法治政府和服务型政府，构建标准统一的市场规则。

（三）培育新增长点：增强经济发展的后劲

经济新常态就是在调速中实现高质量发展，如何做到"调速不减势，量增质更优"，需要寻找新的经济增长点，因此发现和培育新的增长点，是新时代南京都市圈实现高质量发展的关键。这个新的增长点，董小麟（2015）认为可能来自市场的变化，也可能来自区域协调发展，还可能来自深化改革，而任保平（2021）认为新增长点有三个产生途径：在产业结构调整中由传统产业裂变而来、在创新驱动中由新兴产业中培育而来、在经济体制改革中由制度创新中释放而来。如何培育新的增长点，任保平（2021）提出从培育新动能、发展实体经济、工业延伸、高水平开放等四个层面提出了应对策略，许梦博（2021）主张发挥数字、数据等新型生产要素的作用，对传统产业进行升级改造。

二、提升人力资本

改革开放以来，依靠庞大的人口规模而积累起来的"人口红利"为我国的经济发展提供了充沛的劳动力，我国经济实现了快速增长。刘家强等（2007）认为人口红利会在2030年基本结束，任福兵等（2010）也赞同刘家强等人的看法，指出我国在2010年之后进入后红利期，并在2030年人口红利期将完全关闭，于宁（2013）认为人口红利期在2020年之后就会关闭。尽管学者们的观点各异，但我国的人口红利即将消失，这是不争的事实。生产性人口的下降、消费性人口的增长，一方面会使社会抚养比不断提高，造成经济活力不足，另一方面会使社会消费增加、积累下降，造成经济增长放缓。推动南京都市圈经济的高质量发展，再也不能依靠劳动力投入的驱动，需要着力提高劳动力素质，激发人才红利。

（一）完善生育配套政策

为进一步优化人口政策，我国从 2016 年开始全面二孩政策并从 2021 年开放三孩政策。经济压力和时间精力使得育龄妇女的生育意愿持续走低，国家卫生健康委员会 2021 年的一份调查显示，2021 年打算生育子女数平均为 1.64 个，而这一数字在 2017 年为 1.76，在 2019 年为 1.73，作为生育主体的"90 后"和"00 后"更是只有 1.54 和 1.48[1]。提高生育意愿，需要从调节性生育政策转向对生育的服务和支持，任远（2022）主张从成本分担、协调生育与女性的发展、生育配套政策的公平与普惠等 3 个方面构建生育配套政策，国家卫生健康委员会提出要搭建生育成本合理分摊机制和生育友好的政策支持体系，以减轻生育养育负担、激发生育潜能。

（二）促进就业激发人才红利

2014 年，李克强总理在与"杰青"基金获得者座谈时指出，经济发展要最大限度释放人才红利。张斌等（2015）认为激发人才红利，就需要将充分就业作为目标，给老百姓一个实现价值的"舞台"。段婷婷（2019）也认为激发人才红利的关键在于参与经济活动（即就业）。如何促进就业，郭启民（2021）提出要把教育培训作为解决结构性矛盾的手段、把民营经济作为解决就业的主渠道，同时要充分调动群众就业、创业的积极性。王阳（2017）指出要从完善就业服务政策角度提出促进就业的对策。李颖（2017）则强调政府财税激励政策在促进就业上的积极作用。

---

[1] 中共国家卫生健康委党组. 谱写新时代人口工作新篇章 [J]. 求是，2022（15）：46–51.

（三）提升教育培训水平

人力资本的形成途径是多元化的，教育培训、人口迁移等都是，但最主要的实现途径是教育，知识和能力的形成都是通过教育来完成的。教育水平的提升，一方面会促进一国整体人力资本的增长，另一方面会使地区间人力资本趋同（张琼 等，2021），党的二十大报告中提出要"教育优先发展""加快建设教育强国"就是着眼于通过普及教育和提高教育质量，促进人力资本水平进一步提升。推进经济高质量发展所需要的人力资源，既包括创新型科研人才，更需要专业技能人才和技术工人，前者可以通过优化学科布局、完善人才培养体系来实现，后者可以通过搭建现代化职业培训体系来完成。

（四）推进人力资本市场化配置

人力资源是所有经济资源中最具能动性的，人力资源的能动性可以弥补其他资源配置的不足。一般来说，人力资源配置主要有计划和市场两种配置方式，市场化配置就是以劳动工资机制为核心的市场机制配置人力资源。2020 年 4 月，中共中央、国务院发布了《关于构建更加完善的要素市场化配置体制机制的意见》，为进一步推进人力资本市场化作出了制度性安排。新时代推进人力资源市场化配置，需要从如下几个方面着手：①构建公平公正、统一开放的人力资源市场体系；②健全合理的人力资源流动机制；③建立人力资本产权制度；④完善相关激励机制。经济学家常修泽（2020）主张从户籍制度改革、平等就业、完善劳动技能评价等三个方面推进人力资源市场化配置。

三、以创新驱动增长

1995 年，党的十四届五中全会提出我国经济增长要由粗放型向集约型转变。尽管集约型增长方式已经包含科技进步的因素，但对驱动经济增长因素的关注并没有摆脱物质要素的作用。创新驱动增长不仅要解决效率问题，更重要的是创造新的增长要素，驱动经济向更高层次、更高水平发展，而这种驱动力来自知识进展、制度创新和人力资源等无形要素的重新组合。

（一）营造有利的创新环境

习近平总书记在二十大报告中指出"科技是第一生产力""创新是第一动力"，释放创新动能的关键在于"营造有利于创新创业创造的良好发展环境"。创设良好的创新环境，可以从以下四个方面着手：其一，为科研人员减负放权。减负让科技人员能全身心投入科学研究，放权赋予科研单位和科研人员更多更大自主权。其二，做好科研评价，以质量、绩效和贡献为导向，全面准确评价创新水平、成果转化水平和对经济发展的贡献。其三，营造容错的社会氛围。创新是一个不断试错的过程，要让研究人员放下包袱，大胆设想、不断试错。其四，提供全方位保障，在资源要素获取（如人才、资金等）等方面给予最大支持，同时推进知识产权保护，促进创新要素合理配置。

（二）搭建技术成果转化平台

科技成果转化是创新驱动经济高质量发展的"最后一公里"，研究成果如果不能顺利、有效地转化为应用，再多的创新也毫无意义。科研活动中会产生巨量科学数据，这些数据是支撑科技信息交流和产业化转换的核心。搭建数据要素赋能的成果转化平台，一方面可以打通成果转化的"最后一公里"，另一方面也能反哺科学研究和学术交流，实现产业链与创新链的良性循环。其一，数据赋能发挥"区域＋产业＋创新"三位一体全链条覆盖的优势，为创新成果寻找落地的产业，为产业寻找促发展的动力，推动地区经济实现高质量发展。其二，数据赋能实现科学数据共享，提高创新要素的利用率，促进研究成果有序转化。

（三）重视创新型复合人才的培养

科学技术是第一生产力，而人才是"第一资源"，技术技能型人才培养是深入实施创新驱动发展战略的题中之义，也是构建新发展格局的必然要求。首先人才培养要多维融合，激发创新活力既需要创新型人才，也需要应用型人才和技能型人才，新时代人才培养必须多维融合，一方面要多学科交叉，另一方面人才培养单位要有效衔接。其次要搭建促成长的平台，使年轻的工程人才更好发挥作用。最后要加强教育改革，从长远来看，人才培养可持续的根本在于提高教育教学质量。

（四）积极参与国际技术标准的制定

通过创新积累起来的技术优势是一种实力，有助于一国或一企业形成和扩张权力（即取得国际技术标准的制定权），该权力将帮助该国或该企业获得更多经济利益。商界流行"三流企业卖产品，二流企业卖专利，一流企业卖标准"的说法，企业要通过参与国际技术标准的制定跻身上游，一方面推动技术创新的成果得到普遍运用，给企业带来切实的经济利益，另一方面获得国际话语权，打破技术标准由发达国家垄断的局面。

四、提升供给体系的质量

"十四五"规划指出畅通国内大循环的关键在于以国内大市场为依托，形成"需求牵引供给、供给创造需求"的动态平衡。当前我国已经形成了支撑国民经济发展和满足人民美好生活需求的强大供给体系，但宏观上不匹配和不安全的问题仍非常突出："不匹配"表现为供给体系不适应需求的变化，结构性矛盾突出；"不安全"表现为供给体系的自主性不强，核心技术和关键领域对国外有较强的依赖性。贯彻新发展理念，推进南京都市圈经济高质量发展，需要形成更高效率、更好质量、更强竞争力的供给体系。

（一）产业层面：推进产业结构高级化

破解供给体系质量的难题，需要从产业基础高级化和产业链现代化两个方面发力。第一，产业基础高级化表现为各产业要向中高端方向发展，发展以现代化的制造业为基础和核心的现代产业体系，包括现代化农业和现代化服务业，以前者推动农业发展方式的转变，以后者为产业升级、生产效率提升提供保障和满足居民对美好生活的需要。第二，产业链现代化表现为产业链之间的高效分工，产业链的形成以各企业间专业化分工为基础，需求的多样化、层次化使社会分工越来越细，使得产业链专业化程度越来越高，产业链的各子系统之间依赖性越来越强，需要构建高效的分工协作机制。

（二）企业层面：提高企业的整体素质

从企业层面看，提升供给体系质量的关键在于培育一流企业和"专精特新"小巨人企业、有效处置"僵尸企业"。一是培育一流企业。麦肯锡咨询公司提出一流企业有三个标准：大、强、基业长青。"大"强调规模要做大，"强"强调有较强影响力，"基业长青"强调经得起时间考验。经过多年发展，我国企业已经解决了"大"的问题，下一步要解决的是"强"和"基业长青"的问题，前者的关键在于创新能力、品牌价值、商业模式的培育，后者在于加强公司治理结构的建设。二是培育"专精特新"小巨人企业。"专精特新"小巨人企业有较强市场潜力，成长性好，对推动经济高质量发展有着重要的意义。三是有效处置"僵尸企业"。在政府引导下通过市场化的办法依法处置"僵尸企业"，主要采取要素重组和清理退出的方式，前者是对僵尸企业资产的有效利用，后者意味着直接退出。

（三）产品层面：提升产品附加值和产品质量

从产品层面看，提升供给体系质量的关键在于提升产品附加值和提高产品/服务的质量。一是提升产品附加值。这是因为一方面产品附加值是产业升级的核心，另一方面产品附加值是企业经济效益提高的表现。附加值的获得，可以通过产业技术融合来实现，将科技创新的成果运用于产业的生产与经营之中，也可以通过产业功能融合来实现，将产品生产和经营拓展到全产业链。二是提高产品/服务的质量。提高产品/服务的质量，是解决供给侧适应需求侧的有效途径。产品质量来自技术创新，开发出满足需求的新产品；服务质量来自质量监管，提供安全放心的服务。

五、推进城乡融合和区域协调发展

党的十九大报告中指出我国社会的主要矛盾已经转化为"人民日益增长的美好生活需要和不平衡不充分的发展之间的矛盾"，解决发展的不平衡问题是推动我国经济高质量发展的内在要求。地区经济发展不平衡、不协调，是南京都市圈的基本区情，南京都市圈的建设和发展将为国家推进区域经济一体化提供样板。

（一）差异化推进城乡融合发展

都市圈是推进城乡融合发展最有利的地域空间，都市圈本质上是城乡一体化要素市场和产品市场，一方面，在都市圈内，可以整合城市资源和市场服务于农村地区的发展；另一方面，在都市圈内，农村可以有效分享城市的资源和要素，农村居民可以有效分享城市的就业机会。因此，发达国家乡村的发展都落脚到都市圈的发展上。推进城乡之间的融合发展：首先，要加强规划一体化，实现"多规合一"。在国家总体国土规划的框架下，对城乡国土开发、经济社会发展、生态环境保护等进行统一规划，将乡村特色融入城市文明，将城市文明融入乡村发展，实现城乡之间的相互"借景"。其次，要以产业为纽带，让城市发展辐射乡村。合理定位农业的发展特色、农村的发展目标，使农业生产经营与城市其他产业相互渗透，使农村经济发展与城市经济发展相互借力。再次，要以土地制度改革为突破口，释放农村地区经济活力。农村土地制度改革的主要内容包括土地产权制度（搭建农村经营性建设用地入市制度）、土地流转制度（鼓励农村耕地的有序流转）。最后，要以中小城市的发展为抓手。中小城市是城乡关系的纽带，一头连着中心城市和大城市，另一头牵着乡村地区，发展中小城市一方面可以推动农村人口向城镇转移，实现人的城镇化；另一方面可以推动城市资源和要素向农村延伸，带动农村地区产业发展。

（二）区域协调发展

"十四五"时期将"扎实推动共同富裕"，让人民群众的获得感、幸福感更加充实，这是党对人民群众的庄严承诺。南京都市圈连接着长三角区域的发达经济板块和欠发达经济板块，都市圈内经济发展显著表现为"东高西低"的格局，区域差距比较明显，这就需要加快实施区域均衡战略，促进南京都市圈的区域协调发展。推进南京都市圈内各城市的协调发展，需要从如下几个方面着手：首先，要健全市场化经济整合机制。实现南京都市圈经济协调发展的根本动力是市场，在国家统一大市场建设下实现区域内资金、技术、人力等要素的自由流动和优化配置，各城市根据各自资源禀赋，在把握市场脉搏下打造符合市场要求和具有成长潜力的合作项目，如发展毗邻区经济（顶山—汊河、浦口—南谯、江宁—博望、浦口—和县、高淳—当涂）。其次，要健全都市圈内各城市合作联盟机制。政府间的合作是南京都市圈实现经济协调发展的重要推动力量。以 2007 年第一届市长峰会为起点，南京都市圈已经建立起了强有力的政府间协调机制（详见表 7-3），南京都市圈要在国家的统一规划下，逐步统一各城市的地区性法规和政策，协调建立符合都市圈发展需要的区域性法规和政策体系。最后，要健全区域内产业分工机制。实现产业的合理分工和专业化协作，是南京都市圈实现经济高质量发展的核心内容。以共建园区的横向一体化推进区域之间的产业联动发展，以产业集群的纵向一体化整合各城市的优势资源，在区域分工和协作中建立利益分享机制，风险共担机制。

表 7-3 南京都市圈经济合作机制

合作机制	时间	合作主题及内容
市长峰会（联席会）	2007 年	合作主题：共同愿景 合作内容：签署《南京都市圈共同发展行动纲领》，明确都市圈合作的内容和方向
	2008 年	合作主题：共建、共享和同城化 合作内容：探讨交通基础设施和公共服务一体化，实现共建、共享和同城化发展
	2009 年	合作主题：交通基础设施和旅游一体化 合作内容：签署《南京都市圈道路客运班车公交化运行暨开通"旅游直通车"合作协议》，成立综合交通发展协调委员会和旅游发展协调委员会，出台《南京都市圈综合交通发展规划》
	2010 年	推进农副产品产销一体化发展，城市间交通的公交化、公交及社保异地结算，文化资源、大型体育场的共建与服务协作，都市圈内毗邻地区加快旅游发展和同城化发展的步伐
	2011 年	合作主题：加强规划衔接，共绘发展蓝图。 合作内容：启动《南京都市圈区域规划》的编制，共谋同城化发展
	2012 年	合作主题：共同的规划，共同的明天 合作内容：部署《南京都市圈区域规划》的编制，签署宁镇扬重点领域合作协议，南京与淮安、滁州的双边合作协议，南京与马鞍山教育合作协议等
	2013 年	进一步完善都市圈协同发展的组织安排、工作机制，形成较为完善的都市圈"决策+协调+执行"三级合作机制 成立五大专业协调委员会：基础设施、产业发展、社会事业、城乡规划和跨界地区协调

续表

合作机制	时间	合作主题及内容
市长峰会（联席会）	2017 年	合作主题：加强项目对接，务实推进一体化建设 合作内容：基础设施、产业园区、公共服务、生态环境保护、跨界地区合作。签署了宁镇扬、宁马、宁滁、宁宣等城市间 2017 年度合作项目协议
南京都市圈党政联席会	2013 年	合作主题：创新合作模式，提升都市圈融合发展水平 合作内容：审议并通过了《南京都市圈城市发展联盟章程》《南京都市圈党政领导联席会议议事规则》《南京都市圈建设目标体系研究》
	2014 年	合作主题：全面深化合作、务实推进发展 合作内容：审议通过了《南京都市圈近两年工作推进纲要》，协商基础设施、产业协作、园区合作、联防联治、毗邻地区协调发展、公共服务等十个领域的合作
	2018 年	合作主题：共建·共享·同城化——加快互联互通互融、打造长三角高质量发展合作示范区 合作内容：断头路、住房、城际铁路、轨道交通、科技创新、生态环境保护、旅游、教育、文化、医联体、智慧零售
	2020 年	合作主题：开启现代化建设新征程，服务构建新发展格局 合作内容：城乡融合发展、人社一体化发展、国土空间规划、大气污染防治联防联控、水务（水利）专业合作、长江流域禁捕退捕协作共管、市场监管一体化、法律服务业协同发展等
	2022 年	合作主题：携手疫情防控，共促区域发展 合作内容：聚焦防疫情、稳增长、促消费、畅循环，涉及科技创新、教育医疗、文化旅游、环境治理、联合执法、知识产权保护、园区共建等方面；成立南京都市圈建设办公室，协调都市圈建设的各项事务

六、提高对外开放质量

改革开放以来，我国由"引进来"为主转向"引进来"和"走出去"双向并重，开放型经济取得了丰硕的成果。就进出口而言，我国于2009年超越德国成为世界上最大的出口国[1]，并将于2022年超越美国成为最大进口国[2]；就资本使用而言，我国于2020年超过美国成为全球最大的外资流入国[3]，且已经在2016年首次成为资本净输出国[4]。在双循环的发展格局下，"中国开放的大门不会关闭，只会越开越大"。处于沿海开放和沿江开放交会点上的南京都市圈，是我国对外开放和参与国际市场竞争的前沿和门户，并已经成为构建双循环发展格局的核心区域，通过高质量的"走出去"和高水平的"引进来"的双向并重，充分利用国内国际两个市场、两种资源是推动南京都市圈经济高质量发展的重要路径。

（一）高水平的"引进来"助力供给侧升级

进入新时代，"引进来"要顺应国内外经济形势和发展环境的变化：一是要从"世界工厂"向"世界市场"转变，即对外资的吸引力，过去是资源要素的低成本优势，现在是超大规模的市场优势；二是要从政策优惠向提升营商环境转变，通过改善营商环境来吸引外资。

1.进一步放宽外资准入条件

我国的经济体制改革是渐进式改革，对外开放也是渐进式开放。制造业是最早开放的，也是开放最为充分的产业，我国由此也成为制造业大国。

---

[1] 中国超越德国成为世界最大外贸出口国 [EB/OL]. 商务部：http://za.mofcom.gov.cn/article/jmxw/201001/ 20100106748059.shtml.

[2] 汇丰控股：中国或超越美国成为全球最大进口国 [EB/OL]. 中国经济网：http://intl.ce.cn/specials/zxgjzh/201206/26/t20120626_23438645.shtml.

[3] 2020年中国吸收外资逆势上涨 超过美国成为全球最大的外资流入国 [EB/OL]. 央视网：https://news.cctv. com/2021/01/25/ARTIJyO5VSZsSZAZ0y03Qct4210125.shtml.

[4] 中国首成资本净输出国，非公企业境外并购额首超国企 [EB/OL]. 人民网：http://finance.people.com.cn/n1 /2016/0923/c1004-28734636.html.

制造业的开放给我们带来的启示是凡是较早参与开放和竞争的，大多是发展快、竞争力强的行业。十九大要求大幅度放宽市场准入，下一步开放重点是服务业，服务业的开放可以从酒店餐饮、交通运输等行业起步，逐渐拓展到诸如金融、电信、互联网、医疗等其他领域。在"引进来"中，需要注意两点：一是要向引技、引智倾斜，将研发创新、环境保护、专业服务等作为重点，使外资成为全球高端要素融入我国经济的前沿；二是要在"开放"与"安全"之间寻找到平衡点，既要扩大利用外资响应扩大对外开放的要求，又要完善兜底保障机制维护国家经济安全。

2. 营造公平竞争的国际化营商环境

当前，外企的诉求正在发生变化，对营商环境的改善、公平竞争的市场秩序的关注度，已经远远超过对税收优惠的期待。在 2022 年 6 月第三届跨国公司领导人青岛峰会上，我国良好的营商环境是被与会的企业家多次提及的。营商环境是企业生存发展、保持活力的土壤，在 2022 年南京都市圈内各城市的地方两会上，优化营商环境成为人大代表和政协委员们热评的高频词。优化营商环境，要从如下几个方面着手：其一，法治化是优化营商环境的根本。法治化是优化营商环境的基础设施（李建伟，2022）。在法治化建设中，李富成（2021）强调要以"改革开放"为战略取向、以"国家战略"为导向，面向产业发展和美好生活。其二，"放管服"改革是优化营商环境的抓手。"放管服"改革是对政府治理体系的变革（廖福崇 等，2022），是政府职能转变的表现。首先要最大限度减少对资源配置和市场活动的直接干预，其次要在企业开办、工程项目投资和建设、不动产登记等方面营造便利环境，最后建设"政府与社会"合作的政务服务体系。促进公平竞争是优化营商环境的基础，促进公平要恪守"竞争中性"[1] 原则。

---

[1] 竞争中性（competitive neutrality）最早由澳大利亚政府理事会于 1994 年提出，后经经济合作与发展组织推广后为国际社会认同，强调在市场竞争中对所有市场主体一视同仁，确保内资与外资之间、国有经济与民营经济之间平等竞争。在国内，该理念进入理论界的视野是从 2018 年中国人民银行行长易纲在 G30 银行业研讨会上发言开始，随后在 2019 年被写入中共中央办公厅、国务院办公厅印发的《关于促进中小企业健康发展的指导意见》之中。

3. 扩大进口以更好联通国内外市场

扩大进口并不是进口量的简单增加，更意味着我国对外开放理念、路径和制度发生了重大变化。进口与吸引国际人才、利用外资等相互关联，是畅通国内国际双循环的重要一招（杨长湧，2020），一方面在世界经济低迷的情况下，通过扩大进口让世界尤其是发展中国家分享中国经济成长的机遇，另一方面在国际经济摩擦不断加剧的情况下，通过扩大进口引进国外优质资源服务国内经济发展。扩大进口不是盲目增加，第一，着眼于为居民提供优质消费品，满足居民消费升级的需要；第二，扩大先进技术装备、关键零部件的进口以满足深化供给侧结构性改革；第三，扩大资源型产品进口以满足生产保障能力，确保国家经济安全。

（二）高质量的"走出去"深化产业链合作

提升对外开放水平，既要重视高水平的"引进来"，更要重视高质量的"走出去"，既包括商品的"走出去"，还包括资本的"走出去"，通过积极"走出去"，参与国际市场竞争。

1. 深度参与"一带一路"倡议

"一带一路"倡议顺应经济全球化的历史潮流，是我国推动形成全面开放新格局的重要平台。南京及南京都市圈是"一带一路"倡议重要节点城市和区域，积极参与"一带一路"倡议既为企业的"走出去"带来新的机遇，也是新时代凸显南京都市圈枢纽功能的重要选择。南京及南京都市圈参与"一带一路"建设，需要注意：其一，利用南京都市圈科教资源丰富的特点，通过整合创新资源打造国际化优势；其二，推动全产业链"走出去"以实现"集体发力、抱团出海"，进一步提升南京都市圈在价值链分工中的地位；其三，培育拥有核心技术的"独角兽企业""隐形冠军企业"，强化这些龙头企业的引领作用，打造具有南京都市圈地标性的产业。但也要注意防范和化解"走出去"的风险，提高"走出去"的成功率。

2. 推动优势产能和装备走出去

2015年国务院30号文部署了优势产能与装备"走出去"，提升我国高铁、核电等重大装备和产能"走出去"的综合竞争力。随后南京等城市也出台了相应的实施方案,推动优势产能和装备的国际合作。其一,提升南京都市圈内企业的国际影响力。这种影响力的获得,一方面通过充分发挥国家的多边合作机制来实现,另一方面需要通过举办各种推介活动来实现。其二,加大对"走出去"企业的政策支持力度。主要包括各种财税政策(财政专项资金扶持、税收优惠政策等)、金融政策(鼓励各类金融机构以各种方式提供融资支持)。其三,提升对外投资合作的服务水平。首先,对积极参与"走出去"的南京都市圈内企业给予各种便利化条件(如外汇使用、通关便利等)。其次,对南京都市圈内有意愿参与国际投资的企业进行培训和辅导,提升其"走出去"的能力。再次,建设支持企业"走出去"的信息平台,引导企业理性投资。最后,构建联盟机制,促进南京都市圈内各企业加强合作,抱团出海。

参考文献

[1] 王小鲁, 夏小林. 优化城市规模, 推动经济增长 [J]. 经济研究, 1999(9): 22-29.

[2] 杨波, 朱道才, 景治中. 城市化的阶段特征与我国城市化道路的选择 [J]. 上海经济研究, 2006（2）: 34-39.

[3] 费孝通. 费孝通全集: 第 10 卷（1983-1984）[M]. 呼和浩特: 内蒙古人民出版社, 2009: 192-223.

[4] 许经勇. 农村人口城市化的现实思考 [J]. 中共福建省委党校学报, 2002（10）: 45-48.

[5] Taylor P J. Specification of the World City Network[J]. Geographical Analysis, 2001, 33（2）: 181-194.

[6] Zhang F, Lou X Y, Ning Y M. The Comparative Study of China's Mega-city Regions: A Perspective of Competitiveness[J]. Growth and Change, 2021, 52（1）: 425-442.

[7] 高汝熹, 罗守贵. 论都市圈的整体性、成长动力及中国都市圈的发展态势 [J]. 现代城市研究, 2006（8）: 4-11.

[8] 夏永祥, 卢晓. 长三角地区经济增长、产业同构与区域经济一体化 [J].

南通大学学报（社会科学版），2006（1）：20-24.

[9] 范剑勇. 长三角一体化、地区专业化与制造业空间转移 [J]. 管理世界，2004（11）：77-84+96.

[10] 洪银兴，刘志彪. 长江三角洲地区经济发展的模式和机制 [M]. 北京：清华大学出版社，2003.

[11] 北京市社会科学院区域经济研究课题组，赵弘. 我国区域经济发展态势与展望 [J]. 区域经济评论，2016（4）：21-31.

[12] 余东华，张昆. 要素市场分割、产业结构趋同与制造业高级化 [J]. 经济与管理研究，2020（1）：36-47.

[13] 蔡跃洲，王瑛. 长三角区域一体化进程中面临的问题 [J]. 浙江经济，2006（16）：60.

[14] 张学良. 以都市圈建设推动城市群的高质量发展 [J]. 上海城市管理，2018（5）：2-3.

[15] 梅休. 牛津地理学词典 [M]. 上海：上海外语教育出版社，2001.

[16] 姚士谋. 我国城市群的特征、类型与空间布局 [J]. 城市问题，1992（1）：10-15+F004.

[17] Dijkstra L, Poelman H, Veneri P. The EU-OECD Definition of a Functional Urban Area[R]. OECD Regional Development Working Papers, 2019.

[18] Uchida H, Nelson A. Agglomeration Index towards a New Measure of Urban Concentration[R]. Background Paper for World Development Report（2009），2008.

[19] Duranton G. A Proposal to Delineate Metropolitan Areas in Colombia[J]. Revista Desarrollo y Sociedad, 2015（75）：223-264.

[20] Moreno-Monroy A I, Schiavina M, Veneri P. Metropolitan Areas in the World Delineation and Population Trends [J]. Journal of Urban

Economics, 2021, 125（9）.DOI:10.1016/j.jue.2020.103242

[21] OECD. Redefining "Urban": a New Way to Measure Metropolitan Areas [R]. OECD Publishing, 2012.

[22] Rafael C, Martin D A, Vargas J F. Measuring the Size and Growth of Cities Using Nighttime Light [J]. The Journal of Urban Economics, 2021, 125（9）, DOI: 10.1016/j.jue.2020. 103254.

[23] Dingel J I, Miscio A, Davis D R. Cities, Lights, and Skills in Developing Economies[J]. NBER Working Paper（No 25678）, 2019.

[24] 孙胤社. 大都市区的形成机制及其定界：以北京为例 [J]. 地理学报, 1992（6）：552-560.

[25] 李孟. 大都市区：中国城市化进程中面临的新挑战 [R]. 加拿大柯瑞奥公司, 2005.

[26] 张学良, 林永然. 都市圈建设：新时代区域协调发展的战略选择 [J]. 改革, 2019（2）：46-55.

[27] 国家发展和改革委员会. 国家发展改革委关于培育发展现代化都市圈的指导意见 [EB/OL]. （2019-02-21）[2022-02-27]. http://www.gov. cn/xinwen/2019-02/21/content_5367465.htm.

[28] 自然资源部. 都市圈国土空间规划编制规程 [EB/OL]. （2021-09-10）[2022-02-27]. http://gi.mnr. gov.cn/202109/P020210910456249115776. pdf.

[29] 顾朝林. 新时期中国城市化与城市发展政策的思考[J]. 城市发展研究, 1995（5）：6-13.

[30] 周一星. 城市地理学 [M]. 北京：商务印书馆, 1995.

[31] 谢守红. 大都市区的空间组织 [M]. 北京：科学出版社, 2004.

[32] 宁越敏. 中国都市区和大城市群的界定：兼论大城市群在区域经济发展中的作用 [J]. 地理科学, 2011（3）：257-263.

[33] 郭熙保，黄国庆. 试论都市圈概念及其界定标准 [J]. 当代财经，2006（6）：79-83.

[34] 亚当·斯密. 国民财富的性质和原因的研究 [M]. 郭大力，王亚楠，译. 北京：商务印书馆，1974.

[35] 托马斯·马尔萨斯. 人口原理 [M]. 王惠惠，译. 西安：陕西师范大学出版社，2008.

[36] 约翰·梅纳德·凯恩斯. 就业、利息和货币通论 [M]. 徐毓枬，译. 北京：商务印书馆，1977.

[37] 罗伊·哈罗德. 动态经济学 [M]. 黄范章，译. 北京：商务印书馆，1981.

[38] 埃弗塞·多马. 经济增长理论 [M]. 郭家麟，译. 北京：商务印书馆，1983.

[39] Solow R M. A Contribution to the Theory of Economic Growth[J]. The Quarterly Journal of Economics, 1956, 70（1）：65-94.

[40] Solow R M. Technical Change and the Aggregate Production Function[J]. The Review of Economics and Statistics, 1957, 39（3）：312-320.

[41] 钟怀宇. 经济增长从物本主义向人本主义的转变 [J]. 经济问题，2007（1）：4-6.

[42] 马克·A.卢兹. 经济学的人本化：渊源与发展 [M]. 孟宪昌，译. 成都：西南财经大学出版社，2003.

[43] 马歇尔. 经济学原理 [M]. 朱志泰，译. 北京：商务印书馆，1983.

[44] 约瑟夫·熊彼特. 经济发展理论 [M]. 何畏，易家详，等译. 北京：商务印书馆，1990.

[45] 卡马耶夫. 经济增长的速度和质量 [M]. 陈华山，左东官，等译. 武汉：湖北人民出版社，1983.

[46] 维诺德·托马斯. 增长的质量 [M]. 翻译组，译. 北京：中国财政经

济出版社，2001.

[47] UNDP. Human Development Report 1990: Concept and Measurement of Human Development[R]. New York: Oxford University Press, 1990.

[48] 德内拉·梅多斯，乔根·兰德斯，丹尼斯·梅多斯. 增长的极限[M].李涛，王智勇，译. 北京：机械工业出版社，2013.

[49] 保罗·罗伯茨. 石油的终结：濒临危险的新世界[M]. 吴文忠，译. 北京：中信出版社，2005.

[50] 米香. 经济增长的代价[M]. 任保平，梁炜，等译. 北京：机械工业出版社，2011.

[51] 蕾切尔·卡森. 寂静的春天[M]. 吕瑞生，李长生，译. 上海：上海译文出版社，2007.

[52] UNDP. Human Development Report 1996: Economic Growth and Human Development[R]. New York: Oxford University Press, 1996.

[53] Handl G. Declaration of United Nations Conference on Human Environment[R]. Audiovisual Library of International Law: https://legal. un.org/avl/ pdf/ha/dunche/dunche_e.pdf.

[54] Baumol W J, Oates W E. The Theory of Environmental Policy[M]. Cambridge: Cambridge University Press, 1988.

[55] Dasgupta P, Heal G, Stiglitz J E. The Taxation of Exhaustible Resources[J]. NBER Working Paper （No 436），1980.

[56] 西蒙·库兹涅茨. 经济增长与收入分配不平等[J]// 郭熙保，发展经济学经典论著选[M]. 北京：中国经济出版社，1998.

[57] Myrdal G. Economic Theory and Underdeveloped Regions[M]. London: Duckworth, 1957.

[58] 洪银兴. 区域共同富裕和包容性发展[J]. 经济学动态，2022（6）：3-10.

[59] Montfort Mlachila, Ren é Tapsoba, Sampawende J A Tasoba. A Quality

of Growth Index for Developing Countries: A Proposal[R]. IMF Working Paper, 2004:172.

[60] 查尔斯·I.琼斯，迪特里奇·沃尔拉特. 经济增长导论 [M]. 3 版 . 刘霞，译 . 上海：格致出版社，2018.

[61] 威廉·伊斯特利. 在增长的迷雾中求索：经济学家在欠发达国家的探险与失败 [M]. 姜世明，译. 北京：中信出版社，2005.

[62] 赫尔普曼. 经济增长的秘密 [M]. 王世华，吴薇，译. 北京：中国人民大学出版社，2007.

[63] Rome P M. Increasing Returns and Long-run Growth[J]. Journal of Political Economy, 1986, 94（5）: 1002-1037.

[64] Lucas R E. On the Mechanics of Economic Development[J]. Journal of Monetary Economics, 1988, 22（1）: 3-42.

[65] Stokey N L. Learning by Doing and the Introduction of New Goods[J]. Journal of Political Economics, 1988, 96（4）: 701-717.

[66] Stokey N L. Human Capital, Product Quality, and Growth[J]. The Quarterly Journal of Economics, 1991, 106（2）: 587-616.

[67] Young A. Learning by Doing and Dynamic Effects of International Trade[J]. The Quarterly Journal of Economics, 1991, 106（2）: 369-405.

[68] Young A. Invention and Bounded Learning by Doing[J]. The Journal of Political Economics, 1993, 101（3）: 443-472.

[69] Davis L, North D. Institutional Change and American Economic Growth: A First Step towards a Theory of Institutional Innovation[J]. The Journal of Economic History, 1970, 30（1）: 131-149.

[70] 迈克尔·P.托达罗. 经济发展 [M]. 6 版 . 黄卫平，彭刚，等译. 北京：中国经济出版社，1999.

[71] 罗斯托. 经济增长的阶段：非共产党宣言 [M]. 郭熙保，王松茂，译. 中国社会科学出版社，2001.

[72] 费德里科·马约尔. 不要等到明天 [M]. 吕臣重，译. 北京：社会科学文献出版社，1993.

[73] 弗朗索瓦·佩鲁. 新发展观 [M]. 张宁，丰子义，译. 北京：华夏出版社，1987.

[74] 加布里埃尔·A. 阿尔蒙德，小 G. 宾厄姆·鲍威尔. 比较政治学：体系、过程和政策 [M]. 曹沛霖，郑世平，等译. 上海：上海译文出版社，1987.

[75] Levy M J. Social Structure[M]. New Jersey: Princeton University Press, 1952.

[76] 约翰·奈斯比特. 大趋势：改变我们生活的十个新方向 [M]. 梅艳，译. 北京：中国社会科学出版社，1984.

[77] 李成宇，张士强，张伟. 中国省际工业生态效率空间分布及影响因素研究 [J]. 地理科学，2018（12）：1970–1978.

[78] Song X G, He Z Y. The Keqiang Index: a New Benchmark for China's Development[J]. Social Indicators Research, 2015（123）：661–676.

[79] 魏杰，汪浩. 高质量发展的六大特质 [N]. 北京日报，2018–07–23(14).

[80] 汪浩. 高质量发展是速度与质量的协调 [N]. 佛山日报，2018–07–27（F02）.

[81] 史丹，赵剑波，邓洲. 从三个层面理解高质量发展的内涵[N]. 经济日报，2019–09–09（14）.

[82] 陈学慧. 2013 年中国经济——有质量，重效益，可持续 [N]. 经济日报，2012–12–17（3）.

[83] 许光建. 经济高质量发展的重要支撑与引擎动力[EB/OL].（2020–02–09）[2022–02–27].http:// politics.rmlt.com.cn/2020/0209/568267.shtml.

[84] 傅家骥，姜彦福，雷家骕．高质量经济增长的实现要素分析 [J]．数量经济技术经济研究，1994（3）：9-17.

[85] 王一鸣．推动经济高质量发展，要坚持问题导向 [N]．中国经济时报，2018-08-27（A01）.

[86] 刘迎秋．四大对策应对高质量发展的四大挑战 [N]．中华工商时报，2018-01-23（3）.

[87] 刘海霞．我国经济高质量发展的内涵与本质 [J]．现代管理科学，2019（11）：3-5.

[88] 赵剑波，史丹，邓洲．高质量发展的内涵研究 [J]．经济与管理研究，2019（11）：15-31.

[89] 林兆木．关于我国经济高质量发展的几点认识 [N]．人民日报，2018-01-17（007）.

[90] 李伟．高质量发展有六大内涵 [EB/OL]．（2018-01-22）[2022-02-27]. http://opinion.people.com.cn/n 1/2018/0122/c1003-29777411.html.

[91] 蔡昉．让改革发展成果更多更公平惠及全体人民 [J]．党建研究，2017（12）：19-21.

[92] 周子勋．高质量发展需要更加公平的收入分配 [N]．中国经济时报，2018-01-24（A04）.

[93] 盛朝迅．理解高质量发展的五个维度 [N]．经济日报，2018-04-27（14）.

[94] 金碚．关于"高质量发展"的经济学研究 [J]．中国工业经济，2018（4）：5-18.

[95] 刘志彪．理解高质量发展：基本特征、支撑要素与当前重点问题 [J]．学术月刊，2018（7）：39-45，59.

[96] 洪银兴．改革开放以来发展理念和相应的经济发展理论的演进：兼论高质量发展的理论渊源 [J]．经济学动态，2019（8）：10-20.

[97] 刘兴远．人民生活高质量的逻辑起点与关键路径 [J]．唯实，2019（7）：

53-58.

[98] 简新华，聂长飞.论从高速增长到高质量发展[J].社会科学战线，2019（8）：86-95.

[99] 陶希东.全面打造高质量发展高品质生活新格局[EB/OL].（2018-03-26）[2022-02-27]. https://theory.gmw.cn/2018-03/26/content_28112314.htm.

[100] 辛鸣.深刻认识主要矛盾变化带来的新特征新要求[N].北京日报，2020-08-17（13）.

[101] 郑士鹏.继续坚持改革开放是新时代的应有之义[EB/OL].（2018-08-30）[2022-02-27]. https://theory.gmw.cn/2018-08/30/content_30880905.htm.

[102] 魏浩，卢紫薇.以制度型开放引领新一轮高水平对外开放[EB/OL].（2022-03-16）[2022-04-16]. https://theory.gmw.cn/2022-03/16/content_35591358.htm.

[103] 董志勇，李成明.国内国际双循环新发展格局：历史溯源、逻辑阐释与政策导向[J].中共中央党校（国家行政学院）学报，2020（5）：47-55.

[104] 刘志彪.重塑中国经济内外循环的新逻辑[J].探索与争鸣，2020（7）：42-49+157+158.

[105] 黄群慧.构建新发展格局的现代化理论逻辑[N].光明日报，2021-03-12（011）.

[106] 张其仔.在新发展格局形成中，新经济要发挥引领作用[J].湘潭大学学报（哲学社会科学版），2021（2）：60-66.

[107] 景春梅，陈妍，綦鲁明，等.深化新时代改革开放，为高质量发展注入强大动力：2018—2019中国经济年会观点综述[A]//中国智库观察（2018）[C]，2019：12-17.

[108] 阎海峰，彭德雷. 以高水平开放新体制助力经济高质量发展 [N]. 第一财经日报，2020-12-24（A11）.

[109] 陈继勇, 李知睿. "中巴经济走廊"周边国家贸易潜力及其影响因素 [J]. 经济与管理研究，2019（1）：14-28.

[110] 沈坤荣，傅元海. 外资技术转移与内资经济增长质量：基于中国区域面板数据的检验 [J]. 中国工业经济，2010（11）：5-15.

[111] 曹佑，张如兵. 我国经济增长质量的内涵、考核基准及实证分析 [J]. 云南财贸学院学报，1994（2）：45-49.

[112] 张军，施少华. 中国经济全要素生产率变动：1952—1998[J]. 世界经济文汇，2003（2）：17-24.

[113] 陈诗一，陈登科. 雾霾污染、政府治理与经济高质量发展 [J]. 经济研究，2018（12）：20-34.

[114] 刘志彪. 理解高质量发展：基本特征、支撑要素与当前重点问题 [J]. 学术月刊，2018（7）：39-45+59.

[115] 魏敏，李书昊. 新时代中国经济高质量发展水平的测度研究 [J]. 数量经济技术经济研究，2018（11）：3-20.

[116] 温素彬. 经济增长综合评价指标体系的设置 [J]. 江苏统计，1996(8)：12-14.

[117] 李变花. 经济增长质量指标体系的设置 [J]. 统计与决策，2004（1）：25-27.

[118] 赵英才，张纯洪，刘海英. 转轨以来中国经济增长质量的综合评价研究 [J]. 吉林大学社会科学学报，2006（3）：27-35.

[119] 钞小静，惠康. 中国经济增长质量的测度 [J]. 数量经济技术经济研究，2009（6）：75-86.

[120] 师博，任保平. 中国省际经济高质量发展的测度与分析 [J]. 经济问题，2018（4）：1-6.

[121] 徐瑞慧. 高质量发展指标及其影响因素 [J]. 金融发展研究, 2018（10）: 36-45.

[122] 迟福林. 高质量发展的动力源泉 [J]. 中国报道, 2018（4）: 92-93.

[123] 刘惟蓝. 建立开发区高质量发展的指标体系 [J]. 群众, 2018（10）: 41-42.

[124] 殷醒民. 高质量发展指标体系的五个维度 [N]. 文汇报, 2018-02-06（12）.

[125] 朱启贵. 建立推动高质量发展的指标体系 [N]. 文汇报, 2018-02-06（12）.

[126] 李子联, 王爱民. 江苏高质量发展: 测度评价与推进路径 [J]. 江苏社会科学, 2019（1）: 247-257.

[127] 史丹, 李鹏. 我国经济高质量发展测度与国际比较 [J]. 东南学术, 2019（5）: 169-180.

[128] 孙豪, 桂河清, 杨冬. 中国省域经济高质量发展的测度与评价 [J]. 浙江社会科学, 2020（8）: 4-14+155.

[129] 刘亚雪, 田成诗, 程立燕. 世界经济高质量发展水平的测度及比较 [J]. 经济学家, 2020（5）: 69-78.

[130] 徐辉, 师诺, 武玲玲, 等. 黄河流域高质量发展水平测度及其时空演变 [J]. 资源科学, 2020（1）: 115-126.

[131] 黄庆华, 时培豪, 刘晗. 区域经济高质量发展测度研究: 重庆例证 [J]. 重庆社会科学, 2019（9）: 82-92.

[132] 李金昌, 史龙梅, 徐蔼婷. 高质量发展评价指标体系探讨 [J]. 统计研究, 2019（1）: 4-14.

[133] 唐晓彬, 王亚男, 唐孝文. 中国省域经济高质量发展评价研究 [J]. 科研管理, 2020（11）: 44-55.

[134] 张国兴，苏钊贤．黄河流域中心城市高质量发展评价体系构建与测度 [J]．生态经济，2020（7）：37-43．

[135] 崔盼盼，赵媛，夏四友，等．黄河流域生态环境与高质量发展测度及其时空耦合特征 [J]．经济地理，2020（5）：49-57+80．

[136] 周清香，何爱平．环境规制能否助推黄河流域高质量发展 [J]．财经科学，2020（6）：89-104．

[137] 郭芸，范柏乃，龙剑．我国区域高质量发展的实际测度与时空演变特征研究 [J]．数量经济技术经济研究，2020（10）：118-132．

[138] 杨耀武，张平．中国经济高质量发展的逻辑、测度与治理 [J]．经济研究，2021（1）：26-42．

[139] 张震，徐佳慧，高琦，等．黄河流域经济高质量发展水平差异分析 [J]．科学管理研究，2022（1）：100-109．

[140] 袁晓玲，王军，张江洋．中国省域经济高质量发展水平评价与比较研究 [J]．经济与管理研究，2022（4）：3-14．

[141] 郭伟，闫绪娴，范玲．中国省域经济高质量发展评估与驱动因素研究 [J]．东岳论丛，2022（7）：155-164．

[142] 施洁．深圳经济高质量发展评价研究 [J]．深圳社会科学，2019（1）：76-77．

[143] 葛和平，吴福象．数字经济赋能经济高质量发展：理论机制与经验证据 [J]．南京社会科学，2021（1）：24-33．

[144] 黄速建，肖红军，王欣．论国有企业高质量发展 [J]．中国工业经济，2018（10）：19-41．

[145] 余永泽，胡山．中国经济高质量发展的现实困境与基本路径：文献综述 [J]．宏观质量研究，2018（4）：1-17．

[146] 龚刚，魏熙晔，杨先明，等．建设中国特色国家创新体系，跨越中等收入陷阱 [J]．中国社会科学，2017（7）：49-69+205．

[147] 李佐军. 应用"三大发动机"等解释"中国增长奇迹"[J]. 经济纵横，2016（1）：27-30.

[148] 蒲晓晔，Jarko Fidrue. 中国经济高质量发展的动力结构优化机理研究 [J]. 西北大学学报（哲学社会科学版），2018（1）：113-118.

[149] 刘思明，张世瑾，朱惠东. 国家创新驱动力测度及其经济高质量发展效应研究 [J]. 数量经济技术经济研究，2019（4）：3-23.

[150] 鲁桐，党印. 投资者保护、行政环境与技术创新：跨国经验证据 [J]. 世界经济，2015（10）：99-124.

[151] 夏杰长，刘诚. 行政审批改革、交易费用与中国经济增长 [J]. 管理世界，2017（4）：47-59.

[152] 宋国学. 投资环境与行业分析 [M]. 长春：吉林出版集团有限责任公司，2014.

[153] 任保平. "十四五"时期微观高质量发展中供给侧的动力重塑与新动能培育 [J]. 学术研究，2020（12）：85-89.

[154] 游士兵，李一枫. 提升人力资本水平，助推经济高质量发展 [N]. 光明日报，2020-05-05（7）.

[155] 刘智勇，李海峥，胡永远，等. 人力资本结构高级化与经济增长：兼论东中西部地区差距的形成与缩小 [J]. 经济研究，2018（3）：50-63.

[156] 李后建，刘培森. 人力资本结构多样性对企业创新的影响 [J]. 科学学研究，2018（8）：1694-1707.

[157] 陈耀. 高质量发展把对人才的要求推向新高度 [J]. 中国党政干部论坛，2018（6）：32-35.

[158] 中国社会科学院习近平新时代中国特色社会主义思想研究中心. 为高质量发展提供人力资源支撑 [N]. 经济日报，2020-03-25（12）.

[159] 于树一. 以持续深化改革和扩大开放推动经济高质量发展 [J]. 红旗

文稿，2019（19）：26-27.

[160] 张燕生. 构建国内国际双循环新发展格局的思考 [J]. 河北经贸大学学报，2021（1）：10-15.

[161] 杨飞. 消费升级夯实中国经济高质量发展根基 [EB/OL]. （2018-10-16）[2022-02-27]. http:// views.ce.cn/view/ent/201810/16/t20181016_30528327.shtml.

[162] 匡贤明. 以消费提质升级助推高质量发展 [EB/OL]. （2020-11-28）[2022-02-27]. http://news. china.com.cn/2020-11/28/content_76958241.htm.

[163] United Nations Human Habitat. The State of the World's Cities 2001[R]. United Nations Center for Human Settlement, 2001.

[164] Inkeles A, Smith D H. Becoming Modern: Individual Change in Six Developing Countries[M]. Cambridge, MA: Harvard University Press, 1974.

[165] World Bank. Monitoring Environment Progress[M]. Washington D.C: the World Bank Press, 1995.

[166] 王兰，刘刚，邱松，等. 纽约的全球城市发展战略与规划 [J]. 国际城市规划，2015（4）：18-23.

[167] 王德，吴德刚，张冠增. 东京城市转型发展与规划应对 [J]. 国际城市规划，2013（6）：6-11.

[168] 张茉楠. 积极打造中国高质量城镇化战略：全球主要国家城镇化轨迹的启示与对策 [J]. 全球化，2014（3）：34-42.

[169] 杨凤华. 长江三角洲城市群发展的阶段判定与路径优化 [J]. 南通大学学报·社会科学版，2018（2）：1-8.

[170] 刘秉镰，汪旭，边杨. 新发展格局下我国城市高质量发展的理论解析与路径选择 [J]. 改革，2021（4）：15-23.

[171] 任保平，文丰安. 新时代中国高质量发展的判断标准、决定因素与实现途径 [J]. 改革，2018（4）：5-16.

[172] 张超，唐杰. 中国经济高质量发展机制：制度动因、要素保障与实现途径：兼论深圳经济高质量发展的实现路径 [J]. 湖南社会科学，2021（3）：63-71.

[173] 张侠，许启发. 新时代中国省域经济高质量发展测度分析 [J]. 经济问题，2021（3）：16-25.

[174] 厉以宁. 转变发展方式迫在眉睫 [N]. 人民日报，2017-01-04（7）.

[175] 中国宏观经济研究院经济研究所课题组. 科学把握经济高质量发展的内涵、特点和路径 [N]. 经济日报，2019-09-17（14）.

[176] 张涛. 高质量发展的理论阐释及测度方法研究 [J]. 数量经济技术经济研究，2020（5）：23-43.

[177] 段进. 以协调为要求，打造协同共荣公园城市 [N]. 四川日报，2020-04-21（6）.

[178] 吕薇. 探索体现高质量发展的评价指标体系 [J]. 中国人大，2018（11）：23-24.

[179] 陈强，鲍悦华. 城市发展质量评价：视角与指标体系 [J]. 同济大学学报（社会科学版），2012（6）：46-52.

[180] 中国社会科学院《城镇化质量评估与提升路径研究》创新项目组. 中国城镇化质量综合评价报告 [J]. 经济研究参考，2013（31）：3-32.

[181] 胡晨沛，吕政. 中国经济高质量发展水平的测度研究与国际比较：基于全球35个国家的实证分析 [J]. 上海对外经贸大学学报，2020（5）：91-100.

[182] 史丹. 从三个层面理解高质量发展的内涵 [N]. 经济日报，2019-09-09（14）.

[183] 刘华兵. 基于"原始"+"现代"的省域城镇化协调发展研究 [D]. 重

庆：重庆大学，2015.

[184] 孙贺. 东部地区振兴的产业转型升级路径 [J]. 学术交流，2016（9）：114-118.

[185] 栾天怡. 加快东北地区资源型城市转型发展的思考 [J]. 中国发展观察，2016（10）：49-51+55.

[186] 邬晓霞，时晨，高见. 资源型经济高质量发展的科学内涵与机制创新 [J]. 经济问题，2020（12）：11-17.

[187] 邬晓霞，安树伟. 中西部区域性中心城市的识别与发展方向 [J]. 改革，2022（10）：133-143.

[188] 肖金成，马燕坤. 西部地区区域性中心城市高质量发展研究 [J]. 兰州大学学报（社会科学版），2020（5）：20-27.

[189] 张国兴，冯朝丹. 黄河流域资源型城市高质量发展测度研究 [J]. 生态经济，2021（5）：20-26.

[190] 孟祥林. "聚" 抑或 "散"：城市化进程中省会城市拓展模式的理性思考 [J]. 燕山大学学报（哲学社会科学版），2022（4）：52-58.

[191] 刘可文，曹有挥. 城市群视域下的资源型城市职能转型研究 [J]. 城市问题，2020（1）：65-72.

[192] 赵彪，周成，刘彬. 资源型城市转型视角下晋城市融入中原经济区问题研究 [J]. 山西高等学校社会科学学报，2020（6）：40-65.

[193] 汪增洋，张学良. 后工业化时期中国小城镇高质量发展的路径选择 [N]. 中国工业经济，2019（1）：62-80.

[194] 徐康宁. 新型城镇化的重点在于发展高质量的小城镇 [N]. 新华日报，2013-08-01（1）.

[195] 李兰冰，高雪莲，黄玖立. "十四五" 时期中国新型城镇化发展重大问题展望 [J]. 管理世界，2020（11）：7-22.

[196] 辜胜阻，刘江日. 城镇化要从 "要素驱动" 走向 "创新驱动" [J]. 人口研究，2012（6）：3-12.

[197] 洪银兴. 论创新驱动经济发展战略 [J]. 经济学家，2013（1）：5-11.

[198] 任义君. 课件创新能力与区域经济增长的典型相关分析 [J]. 学术交流，2008（4）：95-97.

[199] 李治国. 区域经济顶点城市科技创新与经济发展互动研究：以黄河三角洲为例 [J]. 科技管理研究，2014（4）：97-101.

[200] 刘勇. 科技投入与经济增长的灰色关联度分析：基于广东省与全国的比较 [J]. 科技管理研究，2009（9）：132-134.

[201] 李正辉，徐维. 区域科技创新与经济增长：基于省际面板数据模型的实证分析 [J]. 科技与经济，2011（2）：20-24.

[202] 刘永焕. 科技创新在全球产业转移过程中决定作用机制研究 [J]. 科学管理研究，2014（3）：13-16.

[203] 李健，徐海成. 技术进步与我国产业结构调整关系的实证研究 [J]. 软科学，2011（4）：8-18.

[204] 程强，武笛. 科技创新驱动传统产业转型升级研究 [J]. 科学管理研究，2015（4）：59-61.

[205] 郭新茹，顾江. 科技创新与文化产业生产效率的协整分析：基于我国 31 个省市区面板数据的实证研究 [J]. 南京社会科学，2014（5）：143-148.

[206] 江金波，刘华丰，严敏. 旅游产业结构及其转型升级的科技创新路径研究：以广东省为例 [J]. 重庆大学学报（社会科学版），2014（4）：16-23.

[207] 雷家骕. 科技要以提升民生为根，以综合强国为本 [J]. 中国青年科技，2008（7）：1-2.

[208] 黄立新. 我国以科技进步促进民生改善实证研究 [J]. 安徽行政学院学报，2015（25）：72-78.

[209] 胡学军. 科技管理体制创新助推民生科技发展 [J]. 科技成果纵横，2008（5）：24-26.

[210] 黄艳敏,张岩贵.民生科技创新的益贫化路径分析 [J].科学管理研究,2014（2）:17-20.

[211] 林其屏.从行政区经济向经济区经济转化：我国区域经济快速发展的必然选择 [J].经济问题,2005（2）:2-4+27.

[212] 陈建军,黄洁.长三角一体化发展示范区：国际经验、发展模式与实现路径 [J].学术月刊,2019（10）:46-53.

[213] 孔令刚,吴寅恺,陈清萍.长三角高质量一体化发展论坛综述 [J].区域经济评论,2019（5）:145-150.

[214] 赵勇,魏后凯.政府干预、城市群空间功能分工与地区差距：兼论中国地区政策的有效性 [J].管理世界,2015（8）:14-29.

[215] 田国强,陈旭东.中国经济新阶段的发展驱动转型与制度治理建设 [J].中共中央党校学报,2015（5）:71-81.

[216] 郝寿义.区域创新能力与非正式制度 [J].产业创新研究,2017（1）:3-9+17.

[217] 吕拉昌.非均衡发展战略中的区域整合：珠江三角洲与省内相邻区个案研究 [J].经济地理,1999（4）:31-35.

[218] 傅兆君,王超,赵方舟.基于区域产业竞争力的长三角创新型城市群建设研究 [J].南京邮电大学学报（社会科学版）,2013（1）:14-19.

[219] 赵玉龙.金融发展、资本配置效率与经济高质量发展：基于我国城市数据的实证研究 [J].金融理论与实践,2019（9）:17-25.

[220] 王振华,李萌萌,江金启.交通可达性对城市经济高质量发展的异质性影响 [J].经济与管理研究,2020（2）:98-111.

[221] 杨栋,张宇婷,胡登峰.数字经济赋能高质量发展路径研究：基于长三角一体化中心城市的组态分析 [J].华东经济管理,2021（10）:39-47.

[222] 李泽众,李开艳.城市群空间结构对经济高质量发展的影响 [J].广

东社会科学，2020（2）：26-36.

[223] 师博. 黄河流域中心城市高质量发展路径研究 [J]. 人文杂志，2020（1）：5-9.

[224] 关冠军. 建设现代产业体系，推动经济高质量发展 [N]. 中国青年报，2018-02-12（2）.

[225] 黄汉权. 建设支撑高质量发展的现代产业体系 [N]. 经济日报，2018-05-10（14）.

[226] 黄泰岩. 加快发展现代产业体系，推动高质量发展 [EB/OL].（2020-11-24）[2022-02-27]. https://theory.gmw.cn/2020-11/24/content_34396090.htm.

[227] 侯杰，张梅青. 城市群功能分工对区域协调发展的影响研究：以京津冀城市群为例 [J]. 经济学家，2020（6）：77-86.

[228] 魏后凯. 大都市区新型产业分工与冲突管理：基于产业链分工的视角 [J]. 中国工业经济，2007（2）：28-34.

[229] 魏后凯. 构建面向城市群的新型产业分工格局 [J]. 区域经济评论，2013（2）：41-43.

[230] van Oort F, Martijin Burger, Otto Raspe. On the Economic Foundation of the Urban Network Paradigm: Spatial Integration, Functional Integration and Economic Complementarities within the Dutch Randstad[J]. Urban Studies, 2010（4）：725-748.

[231] 张若雪. 从产品分工走向功能分工：经济圈分工形式演变与长期增长 [J]. 南方经济，2009（9）：37-48.

[232] 丁如曦，刘梅，李东坤. 多中心城市网络的区域经济协调发展驱动效应 [J]. 统计研究，2020（11）：93-105.

[233] 姚常成，李迎成. 中国城市群多中心空间结构的演进：市场驱动与政策引导 [J]. 社会科学战线，2021（2）：78-88+281.

[234] 马海涛，黄晓东，李迎成. 粤港澳大湾区城市群知识多中心的演化

过程与机理 [J]. 地理学报，2018（12）：2297-2314.

[235] 柴攀峰，黄中伟. 基于协同发展的长三角城市群空间格局研究 [J]. 经济地理，2014（6）：75-79.

[236] 公丕明，公丕宏，张汉飞. 京津冀协同发展战略的演化与改革方向 [J]. 区域经济评论，2020（6）：63-70.

[237] 李博雅. 长三角城市群空间结构演化与溢出效应研究 [J]. 宏观经济研究，2020（5）：68-81.

[238] 王廉. 乡村振兴在城市群与城镇体系建设中的角色 [J]. 南方农村，2018（4）：22-25.

[239] 王兴国，曲海燕. 科技创新推动农业高质量发展的思路与建议 [J]. 学习与探索，2020（11）：120-127.

[240] 赵通，任保平. 高质量发展中我国经济协调发展路径分析 [J]. 黑龙江社会科学，2019（1）：11-18.

[241] 高建昆，程恩富. 建设现代化经济体系实现高质量发展 [J]. 学术研究，2018（12）：73-82.

[242] 沈坤荣. 三个路径推动城市群经济高质量发展 [J]. 新城乡，2018（9）：48-49.

[243] 王春晖，刘劲飏，韩艳红. "双循环"格局下河南省制造业高质量发展的路径与机理 [J]. 河南牧业经济学院学报，2022（6）：18-22.

[244] 陈雯，兰明昊，孙伟，等. 长三角一体化高质量发展：内涵、现状及对策 [J]. 自然资源学报，2022（6）：22-31.

[245] Balassa B. The Theory of Economic Intergration[M]. Homewood, IL: Richard D. Irwin, 1961.

[246] Pinder J. Positive Integration and Negative Integration: Some Problems of Economic Union in the EEC[J]. The World Today, 1968, 24（3）：88-110.

[247] Curson V. The Essentials of Economic Integration[M]. New York: St.

Martin's Press, 1974.

[248] 弗里德里希·李斯特.政治经济学的国民体系[J].陈万煦,译.北京:商务印书馆，1997.

[249] Viner J, Oslington P. The Custom Union Issue[M]. New York: Oxford University Press, 2014.

[250] Meade J E. The Theory of Customs Union[M]. Amsterdam: North Holland Publishing CO., 1955.

[251] Johnson H G. Marshallian Analysis of Discriminatory Tariff Reduction: an Extension[J]. India Journal of Economics, 1958（10）: 177–182.

[252] Mundel R A. Tariff Preferences and the Terms of Trade[J].Manchester School Economic Social Studies, 1964, 32（1）:1–13.

[253] Corden W M. Economies of Scale and Customs Union Theory[J]. Journal of Political Economics, 1972, 80（1）: 465–475.

[254] Robson P. The Economics of International Integration[M]. London: George Allen & Unwin Ltd, 1980.

[255] Mundel R A. The Theory of Optimum Currency Area[J]. The American Economics Review, 1961, 51（4）: 657–665.

[256] Mckinnon R I. Optimum Currency Areas[J]. The American Economics Review, 1963, 53（4）:717–725.

[257] Kenen P B. The Theory of Optimum Currency Areas: an Eclectic View[J]//Mundell R A, Swoboda A K. Monetary Problems of the International Economy[M]. Chicago: University of Chicago Press, 1969: 59–77.

[258] lngram J C. Regional Payments Mechanisms: the Case of Puerto Rico[J]. The American Economics Review, 1963, 53（3）: 519–521.

[259] Haberler G. Reflections on the Economics of International Monetary Integration[M]. Harvard Institute of Economic Research, Harvard

University, 1970.

[260] Fleming M. On Exchange Rate Unification[J]. Economic Journal, 1971, 81（323）: 467-488.

[261] Willett T D, Tower E. The Theory of Optimum Currency Areas and Exchange-rate Flexibility[J], International Economics Selection, Department of Economics, Princeton University, 1976: 48-65.

[262] Wooton I. Preferential Trading Agreements: an Investigation[J]. Journal of International Economics, 1986, 21（1-2）: 81-97.

[263] Scitovsky T. Economic Theory and Western European Integration[M]. Stanford: Stanford University Press, 1958.

[264] Deniau J F. The Common Market: its Structure and Planning[M]. New York: Frederick Praeger, 1960.

[265] 艾伯特·赫希曼. 经济发展战略 [M]. 潘熙东，曹征海，译. 北京：经济科学出版社，1991.

[266] Myrdal G. Economic Theory and Underdevelopment Region[M]. London: Gerarld Duckworth, 1957.

[267] Kaldor N. The Case for regional Policies[J]. Scottish Journal of Political Economy, 1970, 17（3）: 337-348.

[268] Vernon R. International Investment and International Trade in the Product Cycle[J]. The Quarterly Journal of Economics, 1966, 80（2）: 190-207.

[269] Perroux F. Economic Space: Theory and Application[J]. The Quarterly Journal of Economics, 1950, 64（1）: 89-104.

[270] Boudeville J-R, Montefiore C G. Problems of Regional Economic Planning[M]. Edinburgh: Edinburgh University Press, 1996.

[271] Friedman J R. Regional Development Policy: a Case Study of Venezuala[M]. Cambridge: MIT Press, 1966.

[272] Prebisch R. The Economic Development of Latin America and Its Principal Problems[R]//Economic Commission for Latin American. Economic Bulletin for Latin America, United Nation Publication, 1962, 7（1）: 1–22.

[273] 沃尔特·克里斯塔勒. 德国南部中心地原理 [M]. 常正文，王兴中，等译. 北京：商务印书馆，2010.

[274] 奥古斯特·勒施. 经济的空间秩序 [M]. 王守礼，译. 北京：商务印书馆，2010.

[275] Williamson J G. Regional inequality and the Process of National Development: a Description of the Patterns[J]. Economic Development and Cultural Change, 1965, 13（4, Part 2）: 1–84.

[276] von Berttalanffy L. General System Theory: Foundations, Development, Applications[M]. New York: George Braziller, 1968.

[277] 袁纯清，谢锐. 共生理论：兼论小型经济 [M]. 北京：经济科学出版社，1998.

[278] 胡晓鹏. 产业共生：理论界定及其内在机理 [J]. 中国工业经济，2008（9）: 118–119.

[279] 植草益. 信息通讯业的产业融合 [J]. 中国工业经济，2001（2）: 24–28.

[280] 瑞典 SWECO 集团. 共生城市理念 [J]. 住区，2005（2）: 35–37.

[281] 黑川纪章，窦以德. 共生城市 [J]. 周定友，译. 建筑学报，2001（4）: 7–12.

[282] 保罗·霍肯. 商业生态学：可持续发展的宣言 [M]. 夏善晨，余继英，方塑，译. 上海：上海译文出版社，2007.

[283] Carter H. The Study of Urban Geography[M]. London: Edward Arnold, 1975.

[284] 朱俊成. 基于共生理论的区域多中心协同发展研究 [J]. 经济地理，

2010（8）：1272-1277.

[285] 欧文·费雪. 资本和收入的性质 [M]. 谷宏伟，卢欣，译. 北京：商务印书馆，2018.

[286] 加里·贝克尔. 人力资本 [M]. 梁晓民，译. 北京：北京大学出版社，1987：79.

[287] Mincer J. Investment in Human Capital and Personal Income Distribution[J]. Journal of Political Economy, 1958, 66（4）: 281.

[288] Spence M. Job Market Signaling[J]. The Quarterly Journal of Economics, 1973, 87（3）: 355-374.

[289] Broersma L, Edzes A J E, et al. Human Capital Externalities: Effects for Low-educated Workers and Low-skilled Jobs[J]. Regional Studies, 2016, 50（10）:1675-1687.

[290] 埃德温·曼斯菲尔德. 长波与技术创新 [J]// 外国经济学说研究会. 现代国外经济学论文选 [M]. 罗润芝，译. 北京：商务印书馆，1986.

[291] Kamien M I, Schwartz N L. On the Degree of Rivalry for Maximum Innovative Activity [J]. The Quarterly Journal of Economics, 1976, 90（2）:245-260.

[292] 克里斯托夫·弗里曼. 技术政策与管理绩效：日本的经验 [M]. 张宇轩，译. 南京：东南大学出版社，2008.

[293] 斯通曼. 技术变革的经济分析 [M]. 北京技术经济和管理现代化研究会技术经济学组，译. 北京：机械工业出版社，1989.

[294] Dosi G. Technological Paradigms and Technological Trajectories: a Suggested Interpretation of the Determinants and Directions of Technical Change [J]. Research Policy, 1982, 11（3）:147-162.

[295] 科斯. 企业的性质 [J]// 盛洪. 现代制度经济学（上）[M]. 北京：北京大学出版社，2003：110-125.

[296] 威廉姆森. 交易费用经济学：签约关系的规制 [J]// 陈郁. 企业制度

与市场组织：交易费用经济学文选 [M]. 上海：上海人民出版社，三联书店，1996.

[297] 舒尔茨 T W. 制度与人的价值的不断提高 [J]// 财产权利与制度变迁：产权学派与新制度经济学译文集 [M]. 刘守英，等译. 上海：生活·读书·新知三联书店，上海人民出版社，1994：253–263.

[298] 拉坦 V W. 诱致性制度变迁理论 [J]// 财产权利与制度变迁：产权学派与新制度经济学译文集 [M]. 刘守英，等译. 上海：生活·读书·新知三联书店，上海人民出版社，1994：327–370.

[299] 张五常. 佃农理论 [M]. 易宪容，译. 北京：商务印书馆，2000.

[300] Enos J L. Petroleum Progress and Profits: a History of Process Innovation [M]. Cambridge, MA: the MIT Press, 1962.

[301] 美国科学基金会. 1976 年：科学指示器 [R]. 李斌，译. 管理观察，1997（8）：23.

[302] 师博. 黄河流域中心城市高质量发展路径研究 [J]. 人文杂志，2020（1）：5–9.

[303] 冯飞，等. 要素成本上涨对中国制造业的影响及相关政策研究 [M]. 北京：中国发展出版社，2013：83–84.

[304] 孙林岩，李刚，江志斌，等. 21 世纪的先进制造模式：服务型制造 [J]. 中国机械工程，2007（19）：2307–2312.

[305] 陈人江. 以高质量创新引领高质量发展 [N]. 中国社会科学报，2020–12–29（1）.

[306] 孙宇. 互联网技术如何助力公共服务创新 [J]. 电子政务，2018（4）：78–84.

[307] 道格拉斯·C.诺斯.制度、制度变迁与经济绩效 [M].刘守英，译.上海：上海三联书店，1994.

[308] 卢现祥. 西方新制度经济学 [M]. 北京：中国发展出版社，2003.

[309] 杨悦.交易成本理论的哲学思想与方法 [J].南京社会科学，2004（7）：

9–15.

[310] A. A. 阿尔钦，H. 德姆塞茨. 生产、信息费用与经济组织 [J]// 财产权利与制度变迁：产权学派与新制度经济学译文集 [M]. 刘守英，等译. 上海：生活·读书·新知三联书店，上海人民出版社，1994：59–95.

[311] 郭周明. 关于中国"高质量"开放型经济发展的战略思考 [A]//2019中国企业改革发展峰会暨成果发布会 [C]，2019：799–809.

[312] 吴兆春 打通要素市场化配置体制机制堵点 [N]. 广州日报，2020–05–26（A16）.

[313] 蔡恩泽. 让消费者"能消费""愿消费""敢消费" [J]. 广东经济，2019（2）：60–61.

[314] 马正林. 中国城市历史地理 [M]. 济南：山东教育出版社，1998.

[315] 任保平. 高质量发展的制度保障 [J]. 红旗文稿，2020（4）：31–33.

[316] Northam R M. Urban Geography[M]. New York: John Wiley & Sons, 1975.

[317] Lipton M. Why Poor People Stay Poor: a Study of Urban Bias in World Development[M]. Canberra: Australian National University Press, 1977.

[318] Friedmann J, Douglass M. Agropolitan Development: Towards a New Strategy for Regional Planning in Asia[J]//Fu-Chen Lo, Kamal Salih. Growth Pole Strategy and Regional Development Policy: Asian Experience and Alternative Approaches[M]. Oxford: Pergamon Press, 1978: 163–192.

[319] Rondinelli D A. Secondary Cities in Developing Countries: Policies for Diffusing Urbanization[M]. Beverly Hills: Sage Publication, 1983.

[320] 林毅夫. 保持经济增速实现高质量发展是应对挑战驾驭大局的关键 [N]. 人民政协报，2022–06–07（03）.

[321] 黄茂兴. 理性认识高质量发展和较快速度增长 [N]. 福建日报,
       2018-01-08（10）.

[322] 陈套. 加快高质量科技创新成果转化 [J]. 科技中国, 2019（7）:
       24-29.

[323] 王志刚. 推进科技成果转化, 支撑高质量发展 [N]. 科技日报,
       2021-12-02（03）.

[324] 王永钦, 张晏, 章元, 等. 中国的大国发展道路: 论分权式改革的
       得失 [J]. 经济研究, 2007（1）: 4-16.

[325] 张颢瀚. 江苏社科名家文库（张颢瀚卷）[M]. 南京: 江苏人民出版社,
       2017.

[326] 刘静玉, 王发曾. 我国城市群经济整合的理论分析 [J]. 地理与地理
       信息科学, 2005（9）: 55 - 59.

[327] 王发曾, 刘静玉. 我国城市群整合发展的基础与实践 [J]. 地理科学
       进展, 2007（5）: 88 - 99.

[328] 刘志勤. 中小企业需要"打气"鼓劲 [J]// 勤嘴集 [M]. 北京: 九州出版社,
       2019.

[329] 池仁勇, 郭元源. "输血"走向"造血" [J]. 小康（上旬刊）,
       2022: 42-43.

[330] 贾康, 刘薇. 双循环视域下需求侧改革的内涵、堵点及进路 [J]. 新
       疆师范大学学报（哲学社会科学版）, 2021（5）: 17-28.

[331] 夏诗园, 郑联盛. 双循环新发展格局的逻辑阐释、"堵点"及实践
       路径 [J]. 甘肃社会科学, 2021（6）: 229-236.

[332] 张磊, 黄世玉. 构建基于全国统一大市场的新发展格局: 逻辑方向、
       堵点及路径 [J]. 深圳大学学报（人文社会科学版）, 2022（3）:
       74-84.

[333] 董小麟. 发现培育新增长点, 实现经济提质增效 [EB/OL].
       （2015-01-08）[2022-02-27]. https:// theory.southcn.com/

node_56fa90e99e/06fd89535a.shtml.

[334] 任保平. 在新发展格局中培育新的经济增长点 [J]. 人民论坛·学术前沿，2021（3 下）：28-33.

[335] 许梦博. 充分发挥数字经济助推经济增长的重要作用[J]. 人民论坛·学术前沿，2021（3 下）：66-71+103.

[336] 刘家强，唐代盛. 关于人口红利问题的几点思考[J]. 市场与人口分析，2007（4）：33-35.

[337] 任福兵，郭强. 后人口红利时代中国人口红利走势的影响因素及特征分析 [J]. 中州学刊，2010（6）：104-108.

[338] 于玲. "后人口红利时代"中国的挑战与机遇：基于老龄化经济影响的视角 [J]. 社会科学，2013（12）：82-92.

[339] 任远. 当前生育政策继续变革和调整完善的理论和实践问题 [J]. 广州大学学报（社会科学版），2022（4）：91-104.

[340] 张斌，李勇. 实现充分就业，激发"人才红利"[N]. 湖南日报，2015-03-11（3）.

[341] 段婷婷. 激发人才红利，助力高质量发展 [N]. 经济日报，2019-05-09（12）.

[342] 郭启民. 不断推进更充分更高质量就业 [J]. 红旗文稿，2021（9）：32-34.

[343] 王阳. 完善服务政策促进积极就业 [J]. 宏观经济管理，2017（10）：27-31.

[344] 李颖. 促进就业创业的税收激励机制研究 [J]. 税务研究，2017（10）：19-23.

[345] 张琼，张钟文. 我国人力资本变迁 70 年：人口转型与教育提升的双重视角 [J]. 统计研究，2021（11）：47-59.

[346] 常修泽. 新阶段如何推进要素市场化配置改革 [J]. 中国经济报告，2021（4）：11-13.

[347] 李建伟. 习近平法治思想中的营商环境法治观 [J]. 法学论坛，2022
（3）：21–32.

[348] 李富成. 论中国法治化营商环境的优化取向 [J]. 上海交通大学学报(哲
学社会科学版），2021（12）：40–47.

[349] 廖福崇，张纯. "放管服" 改革何以优化营商环境：基于政企互动
理论的比较分析 [J]. 经济社会体制比较，2022（4）：91–100.

[350] 杨长湧. 推进新发展格局下的高水平对外开放 [J]. 开放导报，2020
（12）：39–45.